INNENWELTREISEN

Dennis Möck-Ludwig

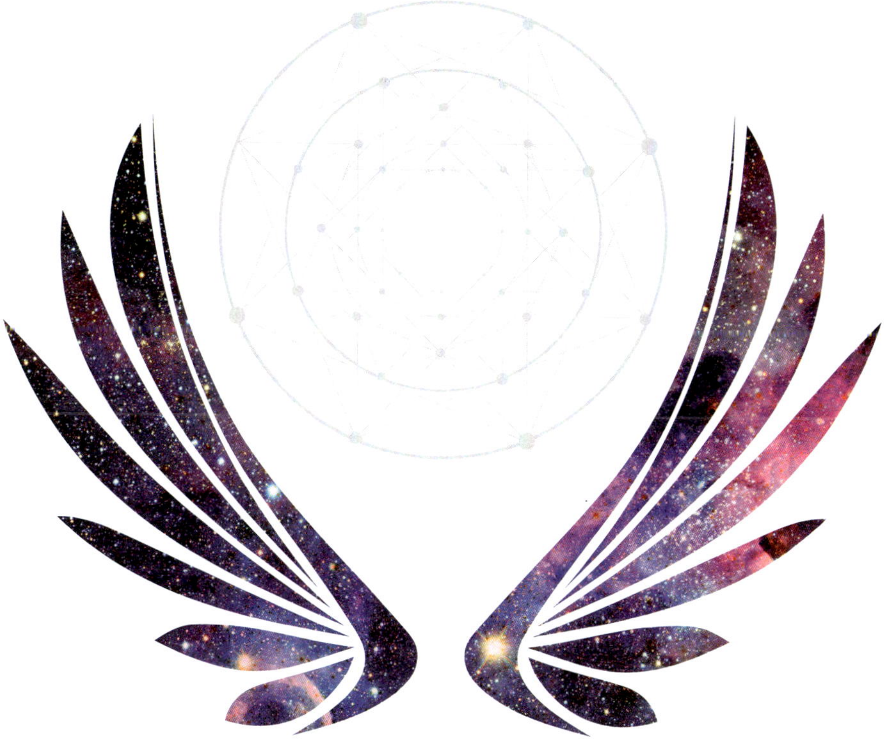

INNENWELT REISEN

Das PRAXISBUCH für angeleitete **Meditationen und Seelenreisen**

Mit einem Vorwort von
JEANNE RULAND

Dieses Buch enthält Verweise zu Webseiten, auf deren Inhalte der Verlag keinen Einfluss hat. Für diese Inhalte wird seitens des Verlags keine Gewähr übernommen. Für die Inhalte der verlinkten Seiten ist stets der jeweilige Anbieter oder Betreiber der Seiten verantwortlich.

ISBN 978-3-8434-1383-1

Dennis Möck-Ludwig:
Innenweltreisen
Das Praxisbuch für angeleitete
Meditationen und Seelenreisen

Umschlag: Simone Fleck, Schirner,
unter Verwendung von #289322048
(© Shpak Anton), #557126443 (© NASA
images), #575780866 (© RRice), #679025626
(© Vikpit), #1203717547 (© Nadezhda Shuparskaia), #341320430 (© dwph),
www.shutterstock.com
Layout: Simone Fleck, Schirner
Lektorat: Kerstin Noack, Schirner
Printed by: Ren Medien GmbH, Germany

www.schirner.com

2. Auflage Mai 2019

Mein Dank geht an meine Welt,
die ich zu sehen vermag.
An meine Lehrer sowie Schüler.
An das Leben selbst.

Ich danke dir, dass du dieses Buch
in den Händen hältst und damit deine Welt
und die der anderen erhellst.

Danke.

Halte einen Augenblick inne,
bevor du die kommenden Seiten erkundest.
Schaffe Raum für deinen Atem.

INHALT

VORWORT VON JEANNE RULAND

Wer sind wir?

Weltweit haben die Weisen eine einfache Antwort darauf: Wir sind geistige Wesen, die für eine gewisse Zeit eine menschliche Erfahrung machen, nicht Menschen, die ab und zu eine geistige Erfahrung machen. Als geistige Wesen haben wir Zugang zu allen Ebenen und Dimensionen des Geistes. Dieser Zugang liegt in unserem liebenden Herzen, in unseren Innenräumen. Unser Seelenplan führt uns von innen, um sich zu erfüllen.

◇◇◇◇◇◇◇

Jede Schöpfung im Universum
entstand aus einem kosmischen Gedanken.

◇◇◇◇◇◇◇

Dennis nimmt uns in seinem Buch mit in die Innenwelt, die mit der äußeren Welt verknüpft ist. Dieser Weg kann lebensverändernd sein, denn er schenkt uns den Schlüssel zu unserem unbegrenzten Potenzial und der ewig sprudelnden Kraftquelle im Inneren. Von hier kommen die neuen Impulse, der Wandel und die Kraft, das Leben liebevoll, glücklich, harmonisch und segensvoll zu gestalten. Jeder von uns ist einzigartig. Uns wurden Talente, Fähigkeiten, Schätze gegeben, die wir in uns entdecken können, um sie dieser Welt zu offenbaren.

Dennis hat eine großartige Begabung, Schönheit, Ausgewogenheit, Harmonie und Balance zu erschaffen und dir neue Wege zu eröffnen, dich selbst zu entdecken. Er führt dich in neue Räume deiner Seele, um Altes loszulassen, Platz für Neues zu schaffen, das wahre, schöpferische Wesen in dir willkommen zu heißen und Frieden mit deiner Seele zu schließen. Manchmal braucht es aber auch nur eine Zeile in diesem Buch, um einen neuen Impuls zu erhalten und uns an die uns innewohnenden schöpferischen Kräfte zu erinnern. Probiere es aus! Schlage einfach eine Seite auf, und du wirst die Wirkung der Worte, die durchdrungen sind von gelebtem Wissen und Erfahrung, sofort spüren.

Jedes Mal, wenn ich Dennis begegne, bin ich sehr angetan von der Schönheit, der Harmonie, dem Wissen, der Liebe, der Klarheit und dem Licht, die aus ihm sprechen. Dennis spricht alle Ebenen des Seins an.

Danke von Herzen, Dennis, für dein Sein und dieses wundervolle Buch, das viele Menschen inspirieren wird und ein großer Segen ist.

Jeanne Ruland

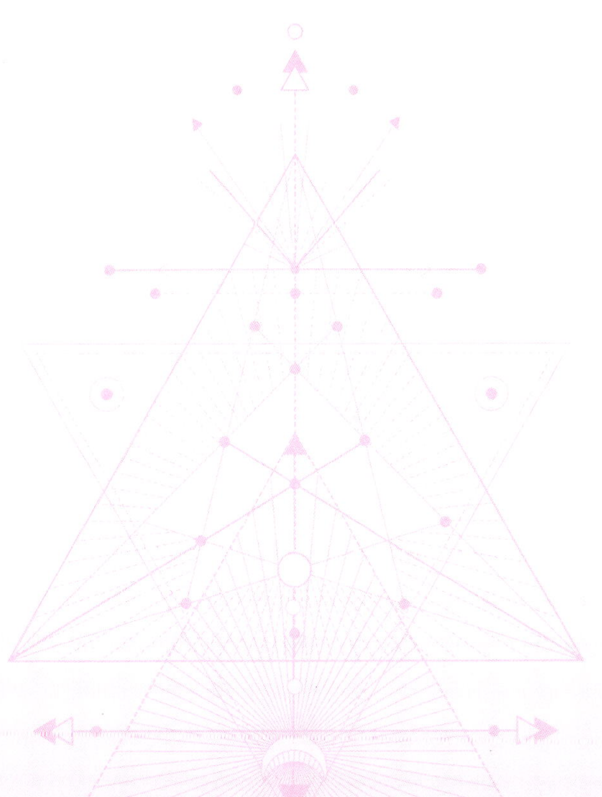

WILLKOMMEN

Atme ein. Atme aus.

Ich heiße dich von Herzen willkommen und danke dir, dass du dich für dieses Buch entschieden hast. Ich habe es mit Liebe und mit all meiner Hingabe geschrieben. Alle Meditationen, die du in diesem Buch findest, habe ich selbst verfasst und wende sie bis heute in meinen Seminaren an. Ich liebte es schon immer, zu schreiben, eigene Texte zu kreieren und damit meinem eigenen Stil Raum zu geben.

Die Idee zu diesem Buch entstand durch meine Seminarteilnehmer und Coaching-Klienten, die den Wunsch hatten, diese Reisen auch in eigenen Gruppen oder für sich selbst anzuwenden.

Einige Meditationen in diesem Buch mögen dich vielleicht überraschen, denn sie sind sehr tiefgehend. Andere wiederum sind sehr einfach. Ich selbst habe ein Faible für Abwechslung und heiße, wann immer es möglich ist, das Neue willkommen.

Ob du nun gern Prozesse anleitest, mit Engeln arbeitest, irdische oder himmlische Reisen unternimmst – du wirst in diesem Buch alles finden, was du brauchst. Ich zeige dir, wie du deine Stimme optimal einsetzt und wie du eine Atmosphäre erschaffen kannst, die das Heilige einlädt, dich bei deiner Meditation zu unterstützen. Zudem erhältst du Werkzeuge und Ideen, mit denen du selbst Meditationen leiten kannst. Ob du nun Seminarleiter/-in bist oder nicht, auch du brauchst seelische Nahrung. Darum gönne dir Zeiten, in denen du deinen eigenen inneren und äußeren Tempel (Körper, Geist und Seele) erfüllst. Nur so bist du fähig, dieses Strahlen selbst weiterzugeben.

In tiefer Dankbarkeit für das, was ist.
Dennis

Das Universum.
Das Leben.
Die Liebe.
All das existiert in dir!

MEIN WEG IN DIE INNENWELT

Ich glaube, ich war zwölf Jahre alt, als ich mir das erste Mal vorgenommen habe, zu meditieren. Zu dieser Zeit war mein junges Leben alles andere als geordnet. Mir fehlte der Platz in dieser Welt – was wohl daran lag, dass ich die meiste Zeit des Tages nicht im Außen, sondern im Inneren verbrachte und daher von den meisten Menschen als sonderbar angesehen wurde.

Schon seit ich denken kann, hatte ich diese unbestimmte Sehnsucht nach einem Ort, an dem so viel mehr ist als in dieser Welt. So viele Möglichkeiten, so viel Freiheit, Wahrheit, Freude und Unbefangenheit. Wann immer es mir möglich war, reiste ich im Geist an diesen Ort, holte mir Kraft, Trost und tauchte ganz in dieses Zuhause ein.

Schließlich las ich mehrere Bücher über Meditationen und wollte unbedingt diese vielversprechenden Wirkungen an mir selbst ausprobieren. Vielleicht, so dachte ich, würde ich dadurch glücklicher, hier zu sein, und vielleicht könnte ich auf diese Weise herausfinden, woher ich komme und wer ich eigentlich bin.

Ich richtete mir in meinem Zimmer eine gemütliche Ecke ein. An den Wänden hingen Tücher, auf dem Boden lagen viele Kissen. Ich zündete Räucherstäbchen und Kerzen an. Ich betete für Schutz und setzte mich auf eines der Kissen. Gerader Rücken, Augen geschlossen, tiiiief einatmen und ausatmen und dann die Gedanken einfach vorüberziehen lassen.

Es können höchstens fünf Minuten gewesen sein, bis ich bereits begann, die Meditation zu verteufeln. Mir tat mein Rücken weh, meine Beine, mein Nacken, und: Meine Gedanken kamen nicht zur Ruhe, im Gegenteil. Ich wurde ungeduldig, und alles nervte mich.

Einige Jahre später entschied ich mich für eine Ausbildung zum Entspannungscoach. Ich hatte gerade meine Lehre abgebrochen. Mein innerer Wunsch, einmal als spiritueller Lehrer, als Coach und vor allem als Autor zu arbeiten, war stark geworden. Es war mir ein Grundbedürfnis, selbst entscheiden zu können, womit ich mein Geld verdiene. Es war mir ein Anliegen, etwas in dieser Welt mit einer für mich sinnvollen Tätigkeit zu bewegen. Also begann ich, zu jobben und mich mit Nebentätigkeiten über Wasser zu halten. Ich investierte so gut wie alles, was ich besaß, in Bücher, in Weiterbildung und in Seminare. Ich lernte, wie geführte Meditationen angewendet werden, und mich ließen dieser Zauber, diese Wirkung und all die Erfahrungen, die ich mit ihnen sammelte, nicht mehr los.

Im Laufe der Zeit besuchte ich noch mehr Kurse und schloss weitere Ausbildungen ab. Bald darauf war ich befähigt, selbst Kurse zu leiten. Ich erkannte, dass dies meine Leidenschaft ist. Ich liebte es und liebe es noch immer, Seminare vorzubereiten. Ich liebe es, während dieser Seminare geschehen zu lassen, was geschehen will. Intuitiv. Vollkommen geführt. Bis heute sind geführte Meditationen und Innenweltreisen das Hauptwerkzeug meiner Arbeit.

Ich begann, meine eigenen Meditationen aus mir heraus aufs Papier fließen zu lassen und sie in Seminaren und bei meinen Klienten anzuwenden. Viele meiner Klienten waren immer wieder erstaunt von diesen Reisen. Es kamen zunehmend Anfragen und Anmeldungen zu Seminaren und Coachings. Immer mehr Menschen wollten meine Meditationen für sich und sogar für ihre eigenen Klienten nutzen. Eine weitere Leidenschaft wurde geboren. Ich ließ mich unentwegt inspirieren. Ich schrieb eine Fülle von Meditationen und tauchte immer tiefer in diese Materie ein. Und das Ergebnis liegt nun als Buch in deinen Händen. Möge es auch dich inspirieren, damit zu arbeiten. Möge es deinen Klienten ein Segen sein.

Wie es mit meiner eigenen Meditationspraxis weiterging? Ich erkannte, dass alles in gewisser Weise Meditation ist. Ich verabschiedete mich von dem Gedanken und dem Bild einer perfekten Meditation, bei der man auf dem Boden sitzt, die Beine im Lotossitz verschränkt und die Welt um sich herum vergisst.

Während ich an diesem Buch schrieb, saß ich oft auf dem Boden, schloss die Augen, atmete und war präsent – auch das ist eine tiefe Form von Meditation. Sie findet immer dann statt, wenn du absolut hier bist. Nicht im Vergangenen oder im Zukünftigen.

DIE EINLADUNG

»Der Sitz der Seele ist da,
wo sich Innenwelt und Außenwelt berühren.
Wo sie sich durchdringen,
ist er in jedem Punkte der Durchdringung.
Wir müssen suchen, eine innere Welt zu schaffen.
Nach innen geht der geheimnisvolle Weg.«

(Novalis)

Atmest du gerade? Natürlich!

Sind deine Schultern entspannt? Ist es dir möglich, dich jetzt, in diesem Augenblick, einfach zu entspannen?

Dann lies ganz langsam. So langsam, dass diese Worte weich werden und in deinem Geist schmelzen, während du sie liest.

Du atmest, nimmst den Grund unter dir wahr. Du kannst die Temperatur erfühlen, während du vielleicht einfach aufstöhnst, da sich etwas in dir zu lockern wagt.

Lasse dir Zeit. Ganz viel Zeit, während sich in diesem Moment deine Zunge vom Gaumen löst, sich dein Kiefer entspannt, dein ganzer Körper locker wird – einfach, indem du hier sitzt, liest und geschehen lässt.

Du atmest. Hörst womöglich Geräusche. Spürst dein Herz sanft schlagen. Und da ist etwas in dir, was sich all dessen bewusst ist.

Ein Geheimnis?

Eine uralte Kraft

Reisen in die innere Welt sind eine jahrtausendealte »Technik«. Bereits die frühen Priester verschiedener Kulturen nutzten geführte Reisen, um Einweihungen vorzunehmen und Energien zu verankern und zu klären. Auch die Schamanen bedienten sich der inneren Bilder, um bestimmte Erfahrungen zu machen und ihre Krafttiere oder ihre Bestimmung zu finden. Selbst im Yoga und dem Ayurveda wird auf die Kraft innerer Bilder viel Wert gelegt.

Nach und nach wurden aus diesen Erkenntnissen auch Methoden entwickelt, die heute von vielen Psychologen, Ärzten und Therapeuten erfolgreich eingesetzt und von ihnen als »Fantasiereisen« bezeichnet werden.

Dieses Buch zeigt dir diese Methoden auf und führt dich darüber hinaus in neue Welten. Es begleitet dich – und deine Klienten – in innere Prozesse und gibt Raum für Klärung, Stärkung und das unerschöpfliche Potenzial der Liebe.

Meditation, Seelen- oder Fantasiereise?

Du kannst einen riesigen Unterschied zwischen diesen Begriffen kreieren oder sie synonym verwenden, das bleibt ganz dir überlassen. Während viele Yogis oder Buddhisten die Meditation als reine Praxis der Stille sehen, in der weder Gedanken noch Sinneseindrücke erfahren werden, gibt es Traditionen wie das Kundalini-Yoga, in denen durchaus mit inneren Bildern und körperlichen Übungen Meditation praktiziert wird. Somit kann Meditation alles sein, was dich dir selbst näherbringt. Jeder Mensch ist anders, hat unterschiedliche Kräfte in sich, die nach unterschiedlichen Möglichkeiten rufen, Stille zu erfahren.

Meditation ist …

singend / lachend / bewegend / schreiend / leise / körperlich / liebend / atmend / versenkend / betend / herzöffnend / laut / sehend / berührend / aktiv / zurückgezogen / hingebungsvoll / leicht / erdend / energetisch / weit / schwingend / klärend / still / herzlich / öffnend / zentrierend

Übung

In der Gegenwart landen

Lege deine Hand auf dein Herzchakra (Energiezentrum in der Mitte deiner Brust). Atme, und beobachte. Nur dein Herz, deine Hand und dein Atem sind in diesem Augenblick von Bedeutung. Dein Atem wird sich möglicherweise vertiefen. Du wirst ruhiger und entspannter, einfach, indem du wahrnimmst, was jetzt in diesem Moment ist. Du bewertest nicht. Du atmest nur und fühlst den Moment. Nun spüre in die Mitte deiner Brust hinein. Lasse einfach fließen, was auch immer geschieht. Nimm dir Zeit, schließe deine Augen, und genieße diesen Moment. Er ist das Kostbarste, was du zum gegenwärtigen Zeitpunkt erleben kannst.

Was ist die Innenwelt?

Innere Reisen, Bilder und intuitive Wahrnehmungen waren mir schon immer vertraut. Ich erinnere mich, wie ich als Kind oft nur dasaß und so, in meine eigene Welt versunken, Stunden verbringen konnte. Besonders in Situationen, in denen ich mich unwohl fühlte, begann ich, innere Bilder und Energien wahrzunehmen. Ich begann, diese inneren Bilder lebhaft zu fühlen, zu spüren, wo in meinem Körper sie widerhallten, und verschob dadurch meine Stimmung – hin zu mehr Helligkeit, Klarheit oder einfach nur tiefem Frieden.

Die Innenwelt ist kein Konstrukt, sondern genau so wahr wie die Welt, die du im Außen siehst. Stelle es dir so vor: Alles, was du mit deinen physischen Augen erblickst, hat deine innere Welt hervorgebracht und wirft sie wie eine Projektion in die materielle Welt.

Die Innenwelt besteht aus Gedanken und Gefühlen, also all dem, was wir in dieser Welt erfahren haben. Zudem ist die innere Welt voller Weite. Diese Weite ist mit allem verbunden – Dimensionen, Energien, Wesen, Menschen und Gott.

Was passiert in der Innenwelt?

Du bewegst deine Sinne von außen nach innen und tauchst in eine Bewusstseinsebene ein, die sich von deinem Tages- oder auch Wachbewusstsein unterscheidet. In dieser Ebene der Trance entspannen sich Körper und Geist. Wir kommen so leichter mit unserer unendlichen unterbewussten Welt in Kontakt, sowohl mit unseren Glaubensmustern als auch mit unseren Potenzialen. Es fällt viel leichter, loszulassen, unsere Kreativität anzuzapfen und auch die Intuition zu trainieren, weil wir unserer Wirklichkeit so am nächsten sind.

Die Innenwelt ist es auch, die unsere Realität erschafft. Sie ist ein Ort, an dem alles, wirklich alles möglich und gespeichert ist. Alles, was wir bisher erlebten (ob in diesem oder anderen Leben), ist in einem großen weiten Netz angelegt, auf das wir jederzeit zugreifen und aus dem wir Veränderungen bzw. Lösungen hervorrufen können. Alle negativ empfundenen Zustände, die sich in uns festgesetzt haben, durch Traumata, Ängste oder Glaubenssätze, können gelöst und sogar verändert werden. Die Welt ist ein großer Traum. Die Realität ist das, was wir denken, fühlen und letztlich tun.

Wenn du die Reise in die unbegrenzten Länder deiner inneren Welt unternimmst, wirst du voller Erkenntnisse, Liebe, Verbundenheit, Licht, Energie, Superkräften, Leichtigkeit, Tiefe, Erfahrung, Klärung, Heilung, Ruhe und Frieden wieder auftauchen.

Du wirst Dinge wahrnehmen, erkennen, verstehen, annehmen und lösen können.

Wie wirkt Meditation?

◇◇◇◇◇◇◇

»Was hinter uns liegt und was vor uns liegt,
ist unbedeutend verglichen mit dem, was in uns liegt.«

(Ralph Waldo Emerson)

◇◇◇◇◇◇◇

Zur Wirkung der Meditation wurden bereits viele wissenschaftliche Untersuchungen durchgeführt. So fand man heraus, dass die Gehirnbereiche regelmäßig meditierender Menschen besser miteinander verknüpft sind. Dies führt dazu, dass wir achtsamer mit uns und unserer Umgebung umgehen können und im Alltag konzentrierter sind. Darüber hinaus sind wir bewusster mit unserer Gefühlswelt und unserer Intuition verbunden.

Was Meditation im Allgemeinen bewirken kann:

› Du beginnst, dich selbst zu spüren und von innen heraus wahrzunehmen.
› Deine Atmung vertieft sich immer mehr und fördert damit deine Gesundheit.
› Bluthochdruck, Stress und (körperliche) Anspannung werden verringert.
› Du beginnst, mehr Harmonie und Verbundenheit zu allem, was ist, sowie eine tiefere Gelassenheit zu spüren.
› Qualitäten wie Freude, Stille und Dankbarkeit nehmen zu und erfüllen dich.
› Ein neuer Raum entsteht, in dem du dir selbst und deinen Mitmenschen mit Wohlwollen begegnen kannst.
› Du bist fitter, wacher und leistungsfähiger.

Die geführten Innenweltreisen, die ich in diesem Buch beschreibe, sind sich in ihrer Tiefe ähnlich und mit einer Absicht versehen. Sie dienen dazu, dich und/oder deine Klienten in eine tiefe Entspannung/Trance zu führen, um einen Einblick in die unendlich weite Innenwelt zu ermöglichen.

In dieser inneren Welt sind all unsere Gefühle, Emotionen und Erfahrungen aus der Vergangenheit gespeichert, die teilweise bewusst, jedoch mehr noch unbewusst unser Leben beeinflussen. Selbst uraltes Wissen aus früheren Inkarnationen und weiteren Ebenen ist darin enthalten. Mit den Innenweltreisen ist es möglich, das Unbewusste hervorzuholen sowie das Bewusste auf einer anderen Ebene zu erkennen und somit auch gegebenenfalls zu verändern.

Die Arten von Innenweltreisen

Körperorientierte Meditationen

Diese Meditationen bewirken, dass du tief entspannen und auf körperlicher Ebene loslassen kannst. Unser Körper ist unser Tempel. Mit seiner Hilfe ist es uns überhaupt erst möglich, die Erfahrungen des Menschseins zu machen, zu fühlen und Emotionen wahrzunehmen. Erst wenn unser Körper Entspannung erfährt, kann unser Geist nachziehen – und umgekehrt.

- Die kurze Anfangsentspannung (S. 33)
- Hara – das Zentrum der Macht (S. 36)
- Wie klingt dein Herz? (S. 38)
- Essenz-Meditation (S. 103)
- Endentspannung (S. 107)

Prozessorientierte Meditationen

Mithilfe der prozessorientierten Meditationen ist es dir möglich, Verstrickungen und mentale Blockaden zu lösen, Kraft sowie Vergebung zu finden und vollkommen in innere und oft verborgene Gefühle und Emotionen einzutauchen.

- Ich finde meine Klarheit (S. 34)
- Öffnung und Bewusstsein (S. 45)
- Erfahre dein wahres Selbst (S. 48)
- Der Herzraum von Mutter Erde (S. 52)
- Öffnen, öffnen ohne Ende (S. 59)
- Der Weg zu den Ahnen (S. 62)
- Verbindungen lösen (S. 69)
- Inner Light (S. 83)
- Ergründe deine Sehnsucht (S. 89)
- Das weibliche Feuer hüten (S. 110)
- Schamanische Visionssuche (S. 117)

Lichtmeditationen

Du wirst auf den höchsten Ebenen reisen, dich mit dem verbinden können, was dir heilig ist und was dich nährt. Du wirst Erfahrungen machen, die kognitiv nicht mehr erklärbar sind. Hier wirst du nur fühlen und dich in die Energie des Lichts und der Magie der höheren Sphären fallen lassen. Lasse dich berühren. Erkenne, und lasse einfach geschehen.

Aufstellungsmeditationen

Die Aufstellungsmeditationen finden überwiegend im Stehen statt, können jedoch auch rein geistig, das heißt mittels deiner Vorstellungskraft, durchgeführt werden. Das besondere an dieser Form der Meditation ist, dass sie direkt über das morphische Feld wirkt, das uns alle miteinander verbindet. Sie kann dir ermöglichen, nicht nur deine Gefühle und Empfindungen zu spüren, sondern auch die anderer Menschen bzw. Instanzen. Ähnlich wie bei den prozessorientierten Meditationen können hier ebenfalls tief sitzende Blockaden und Verstrickungen gelöst werden. Auch kannst du Anteile und Ressourcen verankern.

DIE GRUNDLAGEN

»Alles ist von Wichtigkeit.
Alles ist nicht gar so wichtig.«

(Christian Morgenstern)

Deine eigene Vorbereitung

Egal, ob du Seminarleiter oder Praktizierender von Meditationen bist, nichts wird deine eigene Schwingung und Kraft so fördern wie die liebevolle Zuwendung zu dir und deinem Körper. Du brauchst eine positive Grundschwingung in deinem Alltag und vor allem, bevor und während du eine Meditation leitest.

› Achte darauf, dass du selbst entspannt bist und die Meditation in einer meditativen Stimmung vorträgst. Deine eigene Stimmung und Energie transportierst du auch auf deine Klienten bzw. Teilnehmer.

› Trinke vorher klares Wasser statt Tee oder Kaffee, um den berühmten Frosch im Hals zu vermeiden. Ich habe auch während der Meditation immer ein Glas Wasser neben mir stehen, auf einem Glasuntersetzer aus Filz, durch den kein Geräusch entstehen kann.

› Überlege dir, welche Musik du für deine Meditation verwenden möchtest. Ich persönlich arbeite gern mit einem iPod, mit dem ich Playlists anlegen und gegebenenfalls ein Musikstück auf »Repeat« stellen kann (sollte die Meditation länger dauern). Zudem gibt es heute in fast jedem Seminarraum eine Möglichkeit, den iPod und andere digitale Audioplayer anzuschließen.

› Vor jeder Meditation solltest du dir Zeit nehmen, dich selbst gut zu erden und zu entspannen. Achte dabei auf deinen Atem, ohne ihn zu verändern (er wird sich ohnehin von allein beruhigen). Atme dich selbst in eine entspannte Stimmung, und nutze die Stille, die dadurch entsteht, um deinen eigenen Raum auszudehnen. Dies wird auch die Stimmung im Raum spürbar verändern.

› Überprüfe, ob du angenehm sitzt und dein Oberkörper gerade ist. Deine Klienten merken, wenn du mit deiner eigenen Körperhaltung kämpfst. Das löst (unbewusst) Stress aus. Eine gerade Wirbelsäule lässt dich tief aus dem Bauch heraus sprechen, zudem bist du selbst aufgerichtet, was von Klarheit und Präsenz zeugt.

› Bei prozessorientierten Meditationen: Setze eine Absicht, indem du dir bewusst machst, was die Meditation bewirken darf. Welche Energie dürfen deine Klienten spüren? Welches Ziel liegt der Meditation zugrunde? Wie darf das Ergebnis aussehen? Eine ganz bewusste Intention zu setzen, ist ein machtvolles Instrument, durch das die Meditation noch mehr Gehalt bekommt.

Den Raum vorbereiten

Die Energiequalität des Raumes, in dem du meditierst bzw. deine Meditation anleitest, ist ein entscheidender Faktor dafür, dass du bzw. deine Klienten entspannen können.

Lüfte vor der Meditation gut durch, damit ausreichend Luft-Element (Vayu) im Raum vorhanden ist. Ein gutes Vayu ist wichtig, damit die Bewegung in der Innenwelt überhaupt erst stattfinden kann.

Als Nächstes baue eine Atmosphäre auf, die zum Thema der Meditation passt, mit einer liebevollen Dekoration, sanften Gerüchen und wohlklingender Musik. Ich habe die Erfahrung gemacht, dass eine schöne und üppige Dekoration sofort eine wunderschöne Atmosphäre schafft.

Um den Raum energetisch vorzubereiten, hier einige Tipps:

› Lasse bereits eine Stunde vor der Meditation sanfte, erhellende Musik erklingen, die den Raum in eine heilige Atmosphäre hüllt. Hier sind auch Mantras möglich.

› Reinige den Raum, indem du ihn räucherst und danach für eine Weile das Fenster öffnest.

› Sprühe ätherische Öle bzw. Energiesprays in den Raum (passend zum Thema der Meditation).

› Reinige den Raum mit deiner mentalen Vorstellungskraft, das heißt, stelle dir vor, wie der Raum von violettem Licht (Transformation) durchdrungen wird, das alles entfernt, was nicht mehr dienlich ist. Anschließend fülle den Raum gedanklich mit hellem weißem Licht (Reinigung/Klärung).

› Falls du Klangschalen hast, nimm diejenige, die den hellsten Klang erzeugt, gehe im Uhrzeigersinn im Raum herum, und schlage sie immer wieder an. Achte dabei insbesondere auf die Ecken der Räume. Auf diese Weise wird die Energie in eine neue Schwingung gebracht.

› Achte auf Weichheit, Klarheit und Fluss im Ambiente des Raumes. Nicht jeden (Seminar-)Raum kannst du vorab umbauen, doch mit Stoffen, Kerzen, Blumen und einer schön gestalteten »Mitte« schaffst du einen völlig neuen Rahmen.

› Installiere zum Beispiel einen energetischen Schutz, indem du dir vorstellst, wie die Blume des Lebens sich kreisförmig im ganzen Raum ausbreitet und ihre universelle Kraft zu fließen beginnt.

› Um Kräfte in den Raum einzuladen, kannst du auch – eventuell zusammen mit deinen Teilnehmern – eine kurze Phase der Stille einläuten und die Energien und Kräfte einladen, die du für richtig und wichtig hältst. Auch ein Gebet oder ein Mantra lädt den Raum auf.

Du findest im Kapitel »Extras« (ab S. 130) weitere Möglichkeiten, wie du ein heilsames Feld aufbaust.

Aufbau einer Meditation

Um geistig zu reisen, ist es sinnvoll, dass wir zunächst unseren Körper wahrnehmen und ihn vollkommen entspannen. Unser Körper ist unser Tempel, der gepflegt und umsorgt werden will. Ist der Körper losgelöst von Anspannung und Unwohlsein, können wir tief in das Reich unserer Seele blicken und vollkommen abschalten. Dein Atem ist mit deinem Körper verbunden und eines der wichtigsten Elemente, um dich selbst zu spüren und all die Gefühle und Emotionen, die im Körper sitzen, wahrzunehmen.

Eine Innenweltreise besteht aus 3 Teilen:
› Beginn der Reise (Trance)
› Die Reise selbst (Reise)
› Abschluss der Reise (Rückkehr)

DIE TRANCE

Jede geführte Meditation beginnt mit der sogenannten Tranceinduktion. Du führst also deinen Klienten zunächst in tiefe Entspannung, in der er die Möglichkeit hat, all das loszulassen, was war, und auch all das, was sein wird. Dies ermöglicht ihm, erst einmal im Hier und Jetzt anzukommen und seine Wahrnehmung auf seine innere Welt zu richten. Am einfachsten geht das über den Atem oder die Bewusstwerdung des Körpers.

DIE REISE

Nachdem du deine(n) Klienten in Trance geführt hast, kann die eigentliche Meditation beginnen. Dies ist der längste Teil der Meditation und auch derjenige, in dem die Wahrnehmung besonders auf alle Sinne gerichtet ist. Dein Klient ist also besonders empfänglich für das, was du ihm mitteilst. Er nimmt über seine Sinne wahr, was das Thema der Meditation beinhaltet. Er riecht, schmeckt, fühlt und sieht Bilder. Es können auch Erinnerungen auftauchen. Wichtig ist, dass du deinem Klienten genügend Zeit zum Visualisieren lässt.

DIE RÜCKKEHR

Achte nun darauf, dass du nach und nach aktiver wirst in deiner Stimmlage. Hole deinen Klienten wieder voll und ganz zurück, und achte darauf, dass du ihm genügend Zeit lässt, nachzuspüren. Beobachte auch ganz genau, ob dein Klient wieder völlig wach und klar und präsent bei sich, bei dir und im Raum angekommen ist.

Der Klang deiner Stimme

Deine Stimme ist ein wunderbares Instrument, das du nutzen kannst, um deine Klienten in tiefe Trance zu führen. Hier einige Tipps, um deine Meditationen gut zu führen:

Die monotone/hypnotische Stimmlage

Zu Beginn einer Meditation kannst du noch mit normaler Stimme zu deinem Klienten sprechen. Achte jedoch darauf, dass deine Stimmlage nach den ersten zwei bis drei Sätzen der Meditation immer monotoner und langsamer wird. Dies ermöglicht deinen Klienten, noch tiefer in Trance zu gelangen. Das bedeutet, dass du in einem langsamen Tempo sprichst und deine Stimme in einem gleichbleibenden Rhythmus benutzt. Oft wirst du durch diesen Sprachstil tiefer sprechen als sonst. Am Ende eines Satzes versuche, den letzten Ton nachhallen bzw. nachflüstern zu lassen. Zum Schluss der Meditation kannst du deine Stimmlage wieder nach und nach normalisieren (aktiver und lauter werden), damit dein Klient wieder gut in das Alltagsbewusstsein zurückfindet.

Das Dehnen von Schlüsselwörtern

Schlüsselwörter helfen uns, noch tiefer zu sinken, loszulassen und zu entspannen. Gerade am Beginn einer Meditation sollten diese Wörter gedehnt, also in die Länge gezogen werden. Beispiel: »… und während du tieeefer sinkst, wirst du bemerken, wie dein Atem ganz von allein flieeeßt.«

Bestimmte Wörter haben auch eine ganz bestimmte Energie. Sie ermöglichen deinem Klienten, noch tiefer in die Innenwelt einzutauchen: »entspannen«, »wohlfühlen«, »langsam«, »ruhig«, »liebevoll« usw.

Was du vermeiden solltest, sind Wörter wie: »müssen«, »eintreten«, »schnell« (zumindest am Anfang), »schwierig«, »kriegen«, »aber«, »man« (Verallgemeinerung) sowie kriegerische Wörter wie zum Beispiel: »Vorschlag«, »in Angriff nehmen«, »Ratschlag«, »schlagartig« und weitere – diese Wörter bewirken bewusst oder unbewusst eine aggressive Stimmung.

Weitere Tipps

- Lies jeden Satz im Geiste einmal durch, bevor du ihn aussprichst, um ein langsames und bewusstes Tempo zu halten.
- Atme mit! Gerade in prozessorientierten Meditationen wirkt dein (hörbarer) Atem unterstützend.
- Schaue, dass du selbst bequem und aufrecht sitzt.
- Gehe selbst mit auf die innere Reise, damit du deinen Klienten/deine Gruppe (intuitiv) begleiten kannst und sie nicht verlierst. Dies baut auch eine tragende Atmosphäre auf.
- Ich persönlich spreche meine Meditationen immer mit »du«, da ich damit meine Klienten besser erreiche, es vertrauter und persönlicher ist als das »Sie«.
- Lasse dem Klienten Zeit beim Visualisieren, Integrieren und Fühlen.

Hinweis: Jede Reise in diesem Buch kannst du auch für dich allein durchführen. Sorge dann in jedem Fall dafür, dass du eine entspannte Atmosphäre kreierst und dich vor der Reise ausreichend entspannst. Nimm die jeweilige Reise entweder auf, oder lege entspannte Musik auf, atme mehrere Male tief ein und aus, und lies die Reise langsam durch – dadurch wirst du bereits in deinem Bewusstsein die Reise beschreiten und erleben. Oder aber du liest die Reise vorab durch und erlebst sie anschließend im Geist.

Die Entfaltung des Samens

Nach der Innenweltreise braucht dein Klient und auch du Zeit, wieder ganz im Hier und Jetzt anzukommen. Ich lasse nach einer Reise meistens viel Zeit, lege etwas später eine sanfte und tragende Musik auf oder beginne, tief und hörbar durchzuatmen und in die Runde bzw. zum Klienten zu schauen.

Jede Innenweltreise braucht Raum, sich zu entfalten. Ich vergleiche es gern mit einem Samen, der gepflanzt wird und Raum sowie Zeit braucht, zu wachsen. Das Erlebte will integriert werden. Während eines Seminars hilft es, über die Erfahrungen in der Gruppe zu sprechen. Auch hilfreich ist das Malen, wodurch sich die Symboliken, Farben und Erlebnisse im Außen manifestieren – hierbei sollte, wenn du Gruppen leitest, jeder für sich und im Stillen sein.

Weitere Möglichkeiten für die Nachbereitung:

- Aufschreiben des Erlebten, der Gefühle oder Gedanken
- sanft (manchmal auch wild) tanzen
- in die Natur gehen und einen Gegenstand suchen, der zur inneren Reise passt
- ein passendes Mantra singen oder einfach anhören

Die Auswahl der Musik

Ein weiteres wichtiges Element ist die Musik, die die Meditation im Hintergrund unterstützt. Eine gut gewählte Musik kann berühren, uns in andere Welten begleiten und uns sogar erheben. Genauso wie deine Stimme beeinflusst also auch die Musik deinen Klienten während der Meditation.

Wähle bitte eine Musik, die zum jeweiligen Thema der Meditation passt. Ein Lied sollte eine Laufzeit von mindestens 20–30 Minuten haben und einen sanften, durchdringenden Klang, mit dem die linke Gehirnhälfte mit der rechten Gehirnhälfte in Einklang gebracht wird. Dies wird bei deinem Klienten eine noch tiefere Entspannung auslösen.

Hier einige CDs, die ich dir empfehlen kann.* Lasse dich von deinem Gefühl leiten, welche Musik passend ist. Ein Tipp: Höre dir diese vorher an!

VERFÜGBAR BEI SILENZIO:

› AGNYA – Memories Of Church Melodies
› Anugama – Shamanic Dream
› Aeoliah – Realms Of Grace
› Deuter – Atmospheres
› Deuter – Koyasan
› Deuter – Garden of Gods
› Merlino – Healing Light
› Liquid Mind – Meditation
› Merlino – Inner Path
› Merlino – Inner Path 2
› Michael Reimann – Engelsklang

VERFÜGBAR BEI RHYTHMUSVERLAG:

› Bruce Werber – Wege nach Innen
› Bruce Werber – Klang der Stille
› Bruce Werber – Prana

VERFÜGBAR BEI STARDUST:

› Stardust
› Underwater

---

* Viele dieser CDs findest du auch im Onlineshop des Schirner Verlags auf www.schirner.com.

»Als ich meine Seele fragte,
was die Ewigkeit mit den Wünschen macht,
die wir sammelten,
da erwiderte sie:
Ich bin die Ewigkeit!«
(Khalil Gibran)

SET EINS

IM KÖRPER ANKOMMEN

»Tue deinem Körper etwas Gutes,
damit die Seele Lust bekommt, darin zu wohnen.«

(Teresa von Avila)

Die kurze Anfangsentspannung

WIRKUNG & ZIEL:

Diese Meditation eignet sich für den Beginn einer Yoga- oder Meditationsstunde. Wichtig ist, dass du sie langsam und achtsam durchführst und den Raum hältst. Dadurch gelangst du in einen klaren und tief entspannten Zustand.

Meditation

Spüre den Boden unter dir. Spüre, wie du dich ihm anvertrauen kannst und getragen wirst und wie eine angenehme Schwere von ihm zu dir hinaufsteigt. Dein Becken wird schwer und sinkt tiefer in den Boden hinein.

Dein Bauch empfängt deine Ein- und Ausatmung und ist vollkommen entspannt. Deine Schultern sind locker und leicht nach hinten gezogen. Du richtest dich auf, deine Wirbelsäule ist gerade, dein Brustbein entspannt. Dein Kopf findet jetzt seine Balance, und du ziehst ganz leicht dein Kinn Richtung Brust, sodass dein Kopf noch immer gerade und entspannt nach oben gerichtet ist. Wo immer du jetzt noch Anspannung in deinem Körper spürst, lenke deine Ausatmung dorthin. Jedes Ausatmen macht dich frei, jedes Einatmen versorgt dich mit Ruhe und Stille. Auch deine Gedanken beruhigen sich im Rhythmus deines Atems, der tief in deinen Bauch gelangt und wieder hinaus. Der dich beruhigt und mit allem versorgt, was du jetzt brauchst. Du lässt dich immer tiefer in deine innere Welt treiben, die jetzt, in diesem Moment, in Stille getaucht ist. Und du genießt dich, atmend, frei und gut verwurzelt auf diesem Platz.

(3–5 Minuten Stille)

Allmählich kannst du deinen Atem wieder gut wahrnehmen, du spürst, wie er deinen Bauch wölbt und senkt. Spüre einmal in dich hinein, was deinem Körper jetzt guttun würde. Möchtest du eine Stelle deines Körpers berühren, die Hand auflegen, oder möchtest du deine Beine ausstrecken? Lasse die Augen noch für einen Moment geschlossen, und bedanke dich bei dir und deinem Körper für die Erfahrung und die Signale, die du womöglich während der Meditation erhalten hast.

Nun öffne sanft deine Augen – bleibe mit deinem Körper und dem Gefühl der Stille ganz verbunden.

Ich finde meine Klarheit

WIRKUNG & ZIEL:
Du gelangst in eine angenehme Trance und öffnest dich für deine innere Stimme, die dir genau signalisiert, was in diesem Moment präsent ist. Ein altes Muster sowie schwierige Themen können durch Bewusstsein und Aufmerksamkeit in einen Wandel gebracht werden. Diese Meditation eignet sich sehr gut am Beginn eines Coachings/Seminars.

Hinweis: Diese Meditation ist in Ich-Form verfasst, eignet sich aber auch sehr gut, um Klienten anzuleiten.

Meditation

Ich sitze ruhig da und bin vollkommen präsent im Augenblick. Ich erkenne, dass all das, was ich heute erlebte, vergangen und alles, was noch folgen wird, noch nicht greifbar ist.

Das beruhigt mich und lässt mich einfach still und frei hier an diesem Ort sitzen. Ich erlaube meinen Gedanken, nicht an Vergangenem hängen zu bleiben. Die Gedanken kommen und gehen wie jeder meiner Atemzüge.

Ich erinnere mich an den Rhythmus des Ein- und Ausatmens und kehre mit meiner Aufmerksamkeit immer wieder dahin zurück. Das beruhigt mich und klärt meine Wahrnehmung. Immer mehr.

Ich bemerke, wie die Welt um mich herum immer stiller wird, auch wenn ich Geräusche wahrnehmen kann. Ich lasse mich immer tiefer in meinem eigenen unendlichen Ozean treiben.

Alles hat jetzt seine Ordnung und seinen Sinn – ich lasse alles da, wo es hingehört. Und ich sinke weiter in meinen Körper hinein, der entspannt hier sitzt und den ich von innen heraus wahrnehmen kann. Ich wandere mit meiner Aufmerksamkeit in mein Herz, um dort ein Licht zu entzünden und mich ganz in mein Herz hineinzuatmen, bis ich schließlich ganz angekommen bin in dieser zarten Kraft, die mich augenblicklich umgibt. Ich fühle unbegrenzte Liebe in mir und um mich herum und weiß, dass ich mir so am nächsten bin. Ich folge dem höchsten Licht in mir.

Es wird immer heller vor meinem inneren Auge. Ich sehe mein inneres Licht, das sich in alle Himmelsrichtungen ausdehnt. Es erfüllt mich. Ich fühle mich selbst weit und vollkommen geborgen in diesem Licht. Es führt mich an einen Ort in mir, der mir sehr vertraut ist. Ich lasse mich ganz einfach treiben in diesem Licht, bis ich schließlich das Gefühl habe, ganz angekommen zu sein, wo auch immer ich mich befinde.

Eine spürbare Leichtigkeit erfüllt meinen Körper. Mein Fühlen ist klar, und mein inneres Sehen wird schärfer. Ich erkenne, dass ich mich in meinem eigenen Tempel befinde, der zwischen Himmel und Erde existiert – in mir und jedem anderen Menschen auf dieser Welt. Von hier aus kommt all meine Kraft, all mein spirituelles Wissen. Hier ist der Speicher meiner Gaben und Talente.

Ich atme mich in diesen Tempel hinein und nehme wahr, wie ich immer mehr in meiner Heimat – tief in mir – ankomme. Jeder meiner Atemzüge wird noch bewusster. Ich verändere meinen Atem nicht, denn er kommt und geht so, wie es mir und meinem Körper in diesem Moment dient.

Nun betrachte und fühle ich meinen inneren Tempel, nehme wahr und erkenne, wie vibrierend still es hier ist. Ich schöpfe all meine Inspiration daraus und weiß, ich brauche mich nur mit ihm zu verbinden und zu empfangen.

Ich sehe wieder dieses helle Licht, das mich hierhergeführt hat. Es leuchtet immer heller und zeigt sich mir in Form einer großen Kugel. Darin zeigen sich nun Bilder, Gefühle formen sich in mir. (Ich kann fragen: Was ist heute dran? Was umgibt mich? Wo brauche ich Klarheit?)

Ich empfange eine Botschaft und atme sie tief in mich hinein. Vielleicht braucht sie noch Zeit, sich in ihrer vollen Blüte zu zeigen, doch ich weiß, wie sehr ich auf sie vertrauen kann. Ich weiß, wie sehr ich geführt bin. Und ich erlaube mir, diese Energie zu genießen. Bis ich ganz allmählich meinem inneren Licht wieder folge, das mich in meinen Körper führt und mich von innen heraus strahlen lässt.

Ich komme ganz an – ich bin da. Hier in meinem Körper, an diesem Ort. Ich bin mir bewusst, wenn ich jetzt oder gleich meine Augen öffne, blicke ich liebevoll in diese Welt und liebevoll auf mich und alles, was ist.

Hara – das Zentrum der Macht

WIRKUNG & ZIEL:
Diese Meditation wirkt lösend, erleichternd und klärend auf die Bauchregion, in der viele unserer tiefen Emotionen sitzen. Das Hara-Zentrum wird oft der Kontaktpunkt zwischen Seele und Körper genannt, da wir durch diesen Punkt kommen und auch wieder gehen. Die Energie des Hara liegt 5 cm unterhalb des Nabels.

Meditation

Schließe sanft deine Augen, und gehe mit deiner ganzen Aufmerksamkeit nach innen. Hier ist es still. Hier ist es dunkel und doch so hell. Es kommt darauf an, aus welchem Blickwinkel du in deine innere Welt hineingehst. Dein Atem fließt durch deine Nasenlöcher hinunter durch deinen Brustkorb in deinen Bauch, der sich dabei leicht wölbt, und wieder hinauf. Wie Wellen, die mithilfe deines Atems durch deinen Körper hindurchgespült werden. Diese Wellen sind essenziell für dich. Sie halten dich und dein gesamtes Körpersystem am Leben, schenken dir frische Energien und entlassen die alten. Während du dich auf die Atemwellen konzentrierst, schwindet die äußere Welt. Nur noch du und dein Atem sind vollkommen präsent.

Mit dem nächsten Atemzug, der durch deine Nasenlöcher einströmt, durch die Brust hinunter in deinen Bauch bleibst du mit deiner Aufmerksamkeit zwei Fingerbreit unter deinem Bauchnabel, während der Atem weiterfließt. Spüre in dieses Zentrum hinein, das Hara-Zentrum. Versuche, es zu fühlen, indem du dich auf diesen einen Punkt konzentrierst. Das Hara-Zentrum ist der Sitz deiner Göttlichkeit. Hierin beginnt Leben, hier verlässt deine Seele irgendwann deinen Körper. Im Hara liegen die Wurzeln, die uns mit der gesamten Existenz verbinden. Wer dort ruht, ist zu Hause angekommen. Begib dich ganz in dieses Zentrum hinein. Vielleicht ist es neu für dich, deine Aufmerksamkeit hierhin zu lenken, in deine Mitte. Es ist dein Bauchgefühl, dein zweites Gehirn.

Nun spüre bitte genau, wie sich dein Hara anfühlt. Oft sammeln sich hier unterdrückte Wut, unbearbeitete Ängste und Leiden. Selbst das kleinste Ärgernis kann sich hierin sammeln und an deiner Energie ziehen. Gehe mithilfe deines Atems, der dich tiefer und tiefer in die Schichten dieses Zentrums eindringen lässt, ganz hinein. Hier kannst du erkennen, was sich angesammelt hat. Womöglich erscheinen Bilder, Emotionen oder Gefühle – in Form von

Steinen, Schlamm oder Dreck. Lasse sie jetzt vollkommen hier sein. Nimm sie einfach wahr, und wisse, du bist in diesem Moment zutiefst beschützt.

Ein gereinigtes Hara hilft dir, dich abzugrenzen, bei dir und deiner Energie zu verweilen. Du kannst dich klar und deutlich ausdrücken, wirst gehört und respektiert. Du fühlst dich kraftvoll und vom Leben getragen. Deswegen sitzen Buddhas und Meditierende in aufrechter Haltung und so, dass sich der Bauch nach vorn und zu allen Seiten ausdehnen kann. Der Atem fließt gleichmäßig bis in das Hara hinunter, die Aufmerksamkeit geht vom Kopf in den Bauch. Mit einem gereinigten Hara begegnest du dem Leben vollkommen gelassen.

Nun entzünde in diesem Zentrum das violette Licht als stärkende und reinigende Flamme der Transformation. Visualisiere es – fühle es. Lasse das Feuer lodern, um all die Wut, den Ärger und die Ängste darin zu verbrennen. Höre es knistern. Sieh, wie der Rauch aufsteigt und dieses Zentrum und auch deinen Körper vollkommen verlässt. Unterstütze dies mit deiner Atmung. Atme ein, atme aus, und lasse ein tiefes A (Aaaah…) erklingen, um diesen Prozess zu unterstützen. Nimm zudem wahr, wie ein großer goldener Staubsauger an deinem Bauch ansetzt und die restlichen Dinge vollkommen entfernt. Und du atmest weiter und gibst dich dieser energetischen Grundreinigung deines Hara-Zentrums hin. Wenn du magst, bitte um die Unterstützung von Lichtwesen, Meistern … Lasse dir Zeit … Irgendwann wirst du wissen: Es ist vollbracht.

Mit dem nächsten Ausatemzug lässt du den Staubsauger und die Flamme verschwinden. Nun fühle ins Hara hinein. Wie fühlt es sich an? Still und friedlich oder doch voller Energie? Nimm Platz in diesem Kokon, der aus deiner Lebensenergie besteht. Lasse deinen Atem sanft werden.

Du wirst bemerken, wie sich deine ganze Aura energetisiert hat. Lasse einen Farbstrom auftauchen, der dir jetzt guttut, und erfülle deine Aura damit. Dehne sie mit jedem Atemzug ein wenig mehr aus. Mache dich weit, während du weiterhin zentriert und in deiner Mitte bleibst. Es gibt keinerlei Grenzen im Außen. Alles ist möglich, weil du jetzt den Mut dazu hast. Du weißt, der Mut entsteht in dir, in deiner Mitte, während du darin ruhst. Du holst dir darin Energie und bedienst dich aus einer unerschöpflichen Quelle.

Ich bin erfüllt von Stille. Ich weiß, ich bin beschützt und geführt. Ich bin in vollkommener Harmonie.

Nun vertiefe deinen Atem wieder, und komme langsam in den Raum zurück. Lasse dir Zeit, anzukommen …

Wie klingt dein Herz?

WIRKUNG & ZIEL:

Wir alle haben einen Klang in unserem Herzen, der sich in das große Orchester des Lebens und der Verbundenheit einreiht. Es ist unser Herzenston, der erklingen darf, wenn wir unser Herz öffnen. Unseren eigenen Herzensklang zu hören bzw. von uns zu geben, versetzt uns in eine angenehme Schwingung, die sanft auf unser Körper-Geist-Seele-System einwirkt. Traue dir zu, selbst deinen Ton zu finden und mitzusingen. Als Meditationsleiter wird dies auch deine Teilnehmer motivieren. Diese Meditation hat sich bewährt, bevor du beginnst, Mantras in der Gruppe zu singen.

Meditation

Komme erst einmal ganz hier in diesem Raum, in dieser Zeit an. Nimm deinen energetischen Platz im großen Ganzen ein. Atme sanft und tief. Atme ein und ganz langsam aus, sodass du gut wahrnehmen kannst, wie die Bewegungen deines Atems deinen Körper durchströmen.

Nimm wahr, wie dich dein Atem in einen See unendlicher Stille und Weite trägt. Dieser See aus unendlicher Weite und Stille ist tief in dir. Spüre, wie sich diese Stille in jeder deiner Zellen ausbreitet und dich Wellen erreichen, die dich noch tiefer in deine innere Welt blicken lassen. Nimm einfach wahr, wie dein ganzer Körper von dieser Stille erfüllt wird, dein ganzes Sein, deine unendliche Seele, bis du in deinem Herzen ankommst, Platz nimmst und einfach genießt.

Dein Herz ist der Ausgangspunkt der dir innewohnenden Kraft, deiner Fähigkeit, Liebe zu geben und zu empfangen. Es ist der Sitz deines Herzchakras, das sich nun weit öffnen darf. Atme in deinen Brustkorb hinein. Spüre, wie jeder Atemzug dein Herz immer weiter öffnet, wie all das sein darf, was du in diesem Moment fühlst. Liebe, Mitgefühl und all die Herzensqualitäten, die nun in dein Bewusstsein kommen, sind in diesem Bereich präsent und dürfen nun strahlen.

Öffne dich noch weiter, und lasse geschehen. Vielleicht wird es ganz weich um deine Brust, in deinem Herzen, vielleicht spürst du auch die enorme Energie, die in dir sitzt. Erlaube deinem Herzen ganz einfach, zu strahlen. Dein Herz ist offen, erfüllt von Stille und Größe. Und diese Energie kannst du in deinen gesamten Körper ausdehnen. Stelle dir vor, wie diese Energie dein Herzchakra ausdehnt und auch dein Halschakra und dein Solarplexuschakra erreicht.

Stelle dir vor, wie diese Energie deine Chakras aktiviert und in eine feine Schwingung bringt. Stelle dir vor, wie sie sich immer weiter ausdehnt, dein Stirnchakra und dein Sexualchakra erreicht und auch sie aktiviert. Immer mehr öffnet sich diese Kraft in dir, breitet sich aus und erfüllt und aktiviert dein Wurzelchakra und dein Kronenchakra.

Atme sanft und tief weiter. Deine Aura dehnt sich aus, deine Chakras schwingen, und du bist in diesem heiligen Moment mit deiner Seele, deinem Geist und deinem Körper verbunden.

Du wirst selbst zum Tempel. Jenem Tempel, in dem das Göttliche so wahrnehmbar, so präsent ist – kannst du es fühlen? Lasse ganz einfach Licht aus deinem Herzen in den Himmel und in das Universum fließen, und empfange gleichzeitig die Energie aus den höheren Sphären – dem Herzen Gottes.

Lasse Licht in das Herz von Gaia, Mutter Erde, fließen, und empfange ihre unendlich liebevolle Energie aus ihrem mütterlichen Schoß. Du bist verbunden. Verbunden mit allem, was ist.

Hier bist du nun, in deinem Tempel, der alles miteinander vereint, im vereinigten Herzen, außerhalb von Raum und Zeit, wo der Urklang der Schöpfung ertönt. Du bist dir, dem Himmel und der Erde ganz nah. Begib dich ganz hinein in diesen Schöpfungstempel, dieses Licht. Schaue dich um, und fühle die Energien, die dich hier umgeben, die dich durchdringen. Mache einfach nur auf, und nimm einmal diesen ganz besonderen Klang wahr, den dein Herz, das Herz von Mutter Erde und das Herz des Himmels erklingen lassen. Lasse diesen Ton ruhig laut erklingen – er ist dein Herzensklang. Es kann ein Laut sein, eine Melodie, die du summst, oder ein Gesang. Teile ihn mit – jetzt.

Dieser Herzensklang durchströmt deinen ganzen Körper, durchströmt alles Wasser, das dein Körper enthält. Spüre, wie es dich durch die Vibrationen des Klangs sanft energetisiert. All deine Organe und Zellen werden durch diesen Klang erfrischt. Besonders dein Herz- und dein Halschakra werden angestimmt, damit du deiner Stimme in dieser Welt Ausdruck geben kannst. Lasse diesen Ton weiter in dir schwingen, während du ganz allmählich in deinen Körper zurückkommst. Zurück in diesen Raum, der jetzt erfüllt ist von all den Herzensklängen. Fühle einmal jede Person in diesem Raum, jede Schwingung – alles, was ist. Komme in deinem Rhythmus zurück, und öffne sanft deine Augen.

Werde weich.
Lasse alles ruhen.
Atme.
Lasse alles ruhen.

SET ZWEI

ALLES IST VERBUNDEN

»Alles ist eins, und alles ist verschieden.«

(Blaise Pascal)

Gold verbindet

WIRKUNG & ZIEL:
In dieser Meditation tauchst du – bzw. dein Klient – in die Farbe Gold ein und wirst all die Facetten dieser Farbe spüren und erleben können. Durch die Konzentration auf den Körper und die Wahrnehmung dieser Farbe werden alle Chakras angesprochen. Ziel der Meditation ist es, irdische und kosmische Weisheit zu empfangen.

Meditation

Mache es dir auf deinem Platz bequem, und prüfe noch einmal, ob du so für längere Zeit angenehm sitzen oder liegen kannst. Nimm deinen ganzen Körper wahr sowie die Stellen, an denen dein Körper den Boden berührt, und richte deine ganze Aufmerksamkeit nun auf diese Stellen. Spüre, wie du vom Boden getragen wirst. Dieser Boden, diese Erde trägt dich schon viele Jahre – gibt dir Sicherheit, Vertrauen und Kraft, wenn du es zulässt. Die Erde entstand vor Millionen von Jahren, sie formte sich und mit ihr die ganze Evolution, sie formte dich und all das, was du heute erblicken kannst. Spüre dieses Wunder, auf dem du sitzt oder liegst, und nimm die Lebendigkeit dieser Erde wahr, diesen ganz besonderen Ton, den der Boden unentwegt erklingen lässt.

Es ist der Herzschlag der Erde, den du womöglich auch zu hören vermagst – oder aber auch ganz deutlich unter dir spüren kannst. Dein Herz gleicht seinen Rhythmus nun dem Rhythmus der Erde an – immer mehr …

Du kannst wahrnehmen, wie sich auch deine Atmung allmählich vertieft. Beim Einatmen strömt die Luft in deinen Bauch, und du wirst angefüllt mit allem, was du jetzt brauchst. Beim Ausatmen gibst du all das ab, was jetzt nicht mehr wichtig ist. Nur du und dein Atem sind jetzt in diesem Augenblick von Bedeutung. Genieße deinen Atem – die ein- und ausströmende, nährende Luft, die diese Erde produziert.

Nun lenke deine Aufmerksamkeit langsam wieder zum Boden, den du berührst. Inmitten der Erde befindet sich eine Sonne, die die Erde selbst versorgt. Sie erstrahlt in kraftvollem Gold – und dieses Gold fließt nun zu dir und berührt dich sanft an den Körperstellen, die den Boden berühren. Lenke dein Bewusstsein nun vollständig in die Bereiche, die vom Gold berührt werden, und nimm wahr, wie sehr du mit der Erde verbunden bist. Gold ist die Farbe der Weisheit und der Ewigkeit. In dieser Farbe sind all die Aspekte gespeichert, die dir helfen, alte Lektionen zu verstehen und sie in Weisheit zu verwandeln. Nun nimm dieses Gold ganz in dich auf, und lasse es über deine Fußsohlen in deine Beine und weiter in deinen Körper fließen. Lasse dieses Gold dich ganz umspülen bis hinauf zu den Knien und weiter zu den Oberschenkeln. Deine Beine sind vollkommen in Gold getaucht. Du bist nun fähig, die richtigen Wege in deinem Leben zu nehmen.

Lasse das Gold weiter in dein Gesäß, in Becken, Genitalien und Hüften fließen. Spüre, wie dieser Bereich durchströmt wird. Hier sitzen materielle Fülle, sexuelle Themen, eventuell auch Missbrauch – lasse all dies golden erstrahlen. Spüre, wie es weiter in deine Wirbelsäule fließt und Wirbel für Wirbel durchströmt und stabilisiert, wie deine Kundalini-Energie sanft vibriert und wie das Gold weiter in deinen Bauch fließt und deine innerste Sonne zum Strahlen bringt, den Sitz deiner Persönlichkeit. Während du auch hier das Gold strömen lässt, spürst du, wie alle Selbstzweifel, die sich in diesem Bereich oft verfangen, vollkommen vergoldet und fortgespült werden.

Atme weiterhin in dem Rhythmus, der dir guttut, dich entspannt …

Erlaube nun, dass das Gold weiter in deinen Rücken und in deine Brust fließt. Nimm ein bis zwei tiefe Atemzüge, während dein Herz ganz in diese Energie getaucht wird, damit es sich frei öffnen kann. Auch deine Schultern, Arme und Hände werden um- und durchströmt. Gold fließt weiter in deinen Hals und öffnet dabei deine Luftröhre, bringt Licht hinein und vertieft deine Atmung immer mehr. Du bist fähig, deine Wahrheit zu leben und durch innere Weisheit zu handeln. Entlang deines Nackens fließt das Gold weiter in deinen gesamten Kopf und bringt sein Licht auch in diesen Bereich. Gold hilft dir, die Prana-Energie besser aufzunehmen. Atme, und spüre, wie es sich anfühlt, vollkommen versorgt zu sein.

Dein gesamter Körper ist nun in dieses Gold eingehüllt. Du spürst Weisheit, Reinheit, Ewigkeit und Ekstase.

Weiterhin verbunden mit dem Herzschlag der Erde atmest du tief in deinen Körper ein und wieder aus …

Lasse dir Zeit, dich so zu spüren: vollkommen in Gold gehüllt.

Wandere mit deiner Aufmerksamkeit nun an den höchsten Punkt deines Kopfes. Womöglich spürst du hier ein leichtes Kribbeln oder Ziehen – das ist vollkommen in Ordnung. Dies ist der Sitz deiner Göttlichkeit, und du darfst dich gleich in die Unendlichkeit öffnen, um zu empfangen und einzutauchen in die All-eins-Liebe.

Dadurch, dass du dein Bewusstsein auf diesen Punkt an der höchsten Stelle deines Kopfes gerichtet hast, verdichtet sich die Energie. Nun nimm einen tiefen Atemzug, lasse deinen ganzen Körper sich mit dieser einströmenden Luft anfüllen, und bevor du ausatmest, halte die Luft für einen kurzen Augenblick an. Und JETZT puste die Luft hinaus, und öffne dabei dein Kronenchakra weit nach oben … weit und frei.

Du bist verbunden mit der Weisheit der Erde und der Weisheit des Kosmos. Du spürst dich, dein göttliches Sein – eingebettet in die ewige Stille und Freude.

Was auch immer nun in dir geschieht, was auch immer du wahrnimmst, genieße, und lasse geschehen – du bist verbunden.

Nun gehe mit deinen Handflächen vor deinem Herzen in die Gebetshaltung, das Anjali-Mudra – jene Geste, die so verbindend wirkt und dir die tiefe Annahme deines Selbst schenkt. Danke dir und deinem Körper für diese Erfahrung, und vertiefe langsam deinen Atem.

Komme zurück in diesen Raum, doch bleibe ganz bei dir …

Öffnung und Bewusstsein

WIRKUNG & ZIEL:
Öffnend, erweiternd und frei fühlt sich diese Meditation an. Sie verbindet mit dem, was immer war und sein wird. Eine Meditation, die sich wunderbar für den Einstieg in die energetische Arbeit eignet.

Meditation

Ich lade dich ein, gut bei dir anzukommen, den Raum sowie die Schwingungen in dir und um dich herum wahrzunehmen, ohne etwas zu verändern.

Während du atmest und geschehen lässt, kannst du vielleicht wahrnehmen, wie du immer mehr zur Ruhe kommst.

Mit jedem Atemzug sinkst du tiefer in deine Innenwelt, und dein Bewusstsein weitet sich. Deine Hirnfrequenz sinkt immer tiefer, bis an den Punkt, an dem du allmählich in die Theta-Frequenz kommst, jene Frequenz, in der das höhere Wahrnehmen möglich ist.

Tiefer und tiefer sinkst du in diesen Zustand …

Dein Bewusstsein weitet sich, und dein Channeling-Chakra, das sich in deinem Nacken befindet, öffnet sich weit wie eine Lotosblüte.

In diesem Zustand ist es dir möglich, einen intensiven Kontakt zur Engelwelt herzustellen. Bitte deinen Schutzengel, er möge die Energie, die du jetzt benötigst, in dich einströmen lassen. Und während die Energie fließt, schaue dir deinen Schutzengel an. Er zeigt sich dir in der Form, die du am besten annehmen kannst. Ihr seid euch sehr vertraut, habt unendlich viele Inkarnationen miteinander durchlebt. Spüre die Energie deines Schutzengels, und nimm sie auf.

Gehe nun mit deiner Aufmerksamkeit in dein Herz. Du nimmst wahr und spürst, wie es sich mit jedem Atemzug immer mehr öffnet.

Eine Wärme geht von deinem Herzen aus, die sich immer mehr in deinem ganzen Körper ausbreitet, Atemzug um Atemzug.

Werde dir jetzt des Raumes um deinen Körper herum bewusst, wie eine Art Oval, das deinen Körper umgibt.

Lasse dein Herzbewusstsein sich nun weiter über deinen Körper hinaus ausdehnen. Werde dir deines Herzbewusstseins, das das ganze Zimmer erfüllt, gewahr.

Lasse es sich über das Zimmer hinaus ausdehnen und weiter über das ganze Gebäude. Lasse es sich über das Gebäude hinaus ausdehnen, über das Gebiet um das Haus. Lasse dein Bewusstsein sich noch weiter ausdehnen, und werde dir der ganzen Stadt bewusst ... des Gebietes um die Stadt, der Landschaft und der Nachbarstädte, des ganzen Landes. Werde dir des ganzen Kontinents bewusst. Werde dir der ganzen Erde bewusst, die sich ruhig und kraftvoll um ihre eigene Achse dreht.

Dein Bewusstsein dehnt sich immer weiter aus, die Erde und der Mond werden immer kleiner, bis sie nur noch kleine Punkte sind.

Der Mond ist nur noch ein kleiner silberner Punkt, und die Erde erscheint nur noch als ein funkelndes Licht von der Größe eines Sterns am Himmel. Dein Herzbewusstsein dehnt sich weiter aus, und du gleitest still an der Sonne vorbei. Die Sonne wird auch immer kleiner, bis sie so groß ist wie die anderen Sterne am Himmel. Du wirst dir Millionen, Milliarden, Billionen anderer Sterne bewusst, die den Himmel erfüllen. Du hältst all das in deinem Bewusstsein.

Du dehnst deine Herzenswärme noch weiter aus, wodurch auch unsere Galaxie kleiner wird, sodass sie nur noch so groß wie ein Stern am Himmel erscheint. Jetzt ist sie nur noch eine von Millionen, Milliarden, Billionen anderer Galaxien am Himmel.

Du wächst jenseits des Universums weiter und weiter in die unendliche Leere hinein.

In der Leere ist alles still.

Du genießt diese Stille jenseits der Schöpfung, jenseits von Zeit und Raum, jenseits aller Form. Hier herrschen reiner Frieden, reines Sein, und du bist im Ursprung deines Selbst. Im Jetzt.

Spüre die Leichtigkeit dieser Dimension, und lasse jede Zelle deines Körpers von Licht durchströmen …

In dieser Leere bist du im All-eins-Liebe-Bewusstsein, deinem wahren Ursprung.

Und aus dieser unendlichen Dimension heraus bist du dir weiterhin deines Körpers bewusst – deines Energiefeldes, all deiner Inkarnationen und vielen Erscheinungsformen in anderen Dimensionen. Bilder tauchen in dir auf … und du lässt geschehen, beobachtest.

Du wirst dir deines Selbst bewusst … tauchst ein in die unendlich vielen Erscheinungen. Deine Zellen werden neu informiert, deine Potenziale, all das, was du in Wirklichkeit bist, wird aktiviert, und du spürst es mit deinem Körper, der hier sitzt, mit deinem unendlich ausgedehnten Bewusstsein. Lasse dich in das fallen, was ist. Du spürst eine enorme Öffnung, eine Weite. Du bist geöffnet für jene Dimensionen und Bewusstseinsräume, in denen du schon immer warst und sein wirst … Räume, in denen es dir leichtfällt, mit anderen Dimensionen, Engeln, Meistern und weiteren göttlichen Wesen zu kommunizieren.

Wenn dein Bewusstsein einmal so sehr geweitet wurde, wenn du einmal so weit in die Unendlichkeit gehen konntest, ist alles möglich.

Liebe.
Freude.
Stille.
Einssein.
Frieden.
Ich bin.

Vielleicht kannst du Botschaften aus dieser unerschöpflichen Quelle empfangen, lauschc.

Und so bitte ich dich, mit geöffnetem Bewusstsein allmählich wieder in diesem Raum anzukommen, in deinem Körper, und beim nächsten Impuls deine Augen zu öffnen.

Erfahre dein wahres Selbst

WIRKUNG & ZIEL:
Die Seele und das Feld der unbegrenzten Möglichkeiten zu erfahren, ist das Geburtsrecht aller Lebewesen. Durch diese Reise eröffnest du dieses Feld und lässt den Segen der Verbundenheit fließen. Nach dieser Meditation braucht es oft einige Zeit, um wieder ganz anzukommen.

Hinweis: Lies den Einführungstext zuvor oder gib ihn in deinen Worten wieder, damit du bzw. deine Teilnehmer sich auf die Reise einstellen können.

Einleitung

Unser wahres Selbst, das im Vedischen als »Atman« bezeichnet wird, ist jener zentrale Ort in uns selbst, aus dem wir unendlich schöpfen können. Eine Quelle nie versiegender Energie. Unser Atman bzw. unser Wesenskern ist die hohe Seele, die unser Sein durchflutet, die uns führt und uns in liebender Glückseligkeit die Einheit mit allem, was ist, erfahren lässt. Jedoch gilt es, diesen Ort für uns zu eröffnen, indem wir uns Zeit nehmen und uns über verschiedene Wege diesem Selbst annähern. Unser menschliches Dasein ist ebenfalls ein solcher Weg, den wir gehen, um unsere Bestimmung zu entfalten (Dharma). Letztlich ist jeder dieser Wege ein Umweg, wenn wir nicht fähig sind, diesem Selbst seinen Platz zu gewähren.

Atman ist als die Weltseele der Funke der Göttlichkeit, der in jedem Menschen, jedem Tier und jeder Pflanze seinen Sitz hat und völlig frei ist, sich auszudehnen in Zeit und Raum. Unsterblich und durchdrungen von einer universellen Wahrheit, begegnen wir diesem Funken in unserer Wirklichkeit durch Kontemplation und die Hinwendung des Geistes zum Mysterium unseres absoluten Seins. Schlussendlich erkennen wir Einheit und wenden uns vom Gefühl der Trennung ab.

Was bleibt, ist die Erfahrung, die Präsenz, die sich uns in der Gegenwart von uns selbst enthüllt und uns unerschöpflichen Segen und Glückseligkeit bringt.

Meditation

Erlaube dir, die Tore der Außenwelt für einige Augenblicke zu schließen und dich deinem innersten Erleben zuzuwenden. Stelle dir vor, wie du allen Stress der letzten Tage, Wochen oder auch Monate ganz leicht hinter dir lässt, einfach dadurch, dass du der Gegenwart zustimmst, in diesem Augenblick Platz zu nehmen. Nimm dich aus dieser inneren Perspektive wahr, und erfahre ein Gefühl von dir selbst.

Lasse dir Zeit, dich auf diese Weise zu erfahren, zu erforschen. Dein Atem strömt sanft in deine Lungen und erfüllt dich mit Leben.

Dein Atem löst alles auf, was dich hindert, dich diesem Moment hinzugeben. Du lässt all den Stress, die Ängste und die Wut für diese Erfahrung los. Und du kommst zur Ruhe. Die Welt dreht sich weiter, während du diesem Moment zustimmen kannst – ihm sein eigenes Wachstum überlässt.

Der Kosmos ist so angelegt, dass sich alles zu deinem höchsten Wohl ereignet und arrangiert. Lerne, Zweifel und Ängste bezüglich Vergangenheit und Zukunft loszulassen und dem Leben selbst die Führung zu gestatten.

Gehe noch tiefer in dieses Erleben hinein, und spüre, wie du hier sitzend oder liegend immer weicher wirst. Wie sich deine Schultern lockern, dein Nacken ganz entspannt ist und dein Kiefer sich sanft anfühlt. Alle Spannung wird zu Entspannung in deinem Geist und deinem Körper. Deine Magengegend fühlt sich mit jedem Atemzug lockerer an und erzeugt eine angenehme Wärme, die dich durchdringt. Eine Wärme, die sich aus deinem Solarplexus, dem Sitz deiner Intuition und deines Ich-Gefühls, entzündet. Und womöglich kannst du wahrnehmen, wie eine angenehm warme Flamme in deinem Oberbauch entsteht.

Von goldener Farbe durchzogen, beginnt dieses innere Feuer sich in deinem gesamten Bauchraum auszubreiten und einen goldenen Glanz in dir zu hinterlassen. Mit jedem Atemzug breitet sich die goldene Flamme aus und löst, wenn du es erlaubst, all die in dir gespeicherten Emotionen und Erfahrungen auf. Sie werden durch diese heilige Flamme in ein Bad der Kraft getaucht, das fähig ist, alle Erfahrungen von Leid, die sich in den verschiedenen Regionen deines Körpers angesammelt haben, zu erlösen. Atme sehr bewusst und tief, ohne Anstrengung. Die Flamme erreicht deinen Brustkorb, dein Becken. Sie hinterlässt in jedem Winkel und in jeder Zelle ihr goldenes Licht, das dir

Raum schenkt, deinen Atem vertieft und dich deine eigene Präsenz erfahren lässt. Bis in deine Arme und Beine, deine Füße und Hände und in deinen Kopf breitet sich das Gold aus und taucht deinen Körper in eine angenehme Wärme. Deine Aura beginnt, dieses unerschöpfliche Gold aufzunehmen, und so stehst du mit deinem ganzen Aurafeld in den Flammen des goldenen Lichts … bis du einen wohltuenden Frieden spürst, der aus der Tiefe deiner Seele auftaucht. Du erkennst, dass du selbst diesen Frieden nährst, indem du dich nährst.

Lasse vollkommen geschehen, was sich jetzt zeigt. Du und dein Atem werdet eins. Du und die Erde sowie der gesamte Kosmos werdet eins. Du schwingst in deinem eigenen Feld der Seele, dem Schauplatz deines Seins, einem Feld, in dem unbegrenzte Möglichkeiten bereits vorhanden sind und darauf warten, dass sie durch dich erfahren werden.

Du befindest dich in der goldenen Mitte deines Selbst, dem sogenannten Atman. Zwischen Raum und Zeit, zwischen Oben und Unten. Dem Atman, der außerhalb der Sinne liegt und verbunden ist mit allem, was existiert. Hierin liegen all das Wissen und die Essenz, die sich dir offenbaren können. Atme immer weiter, um dich für das zu öffnen, was vor dir liegt. Die Seele. Die Seele der Welt, der Gesamtheit.

Lasse dich ganz darauf ein, in dieses Seelenfeld zu blicken. Tiefer und tiefer darin aufzugehen. Eins zu werden. Der Atem lässt dich los, während du weiter und vollkommen automatisch weiteratmest …

(ca. 5 Minuten Stille)

Beginne ganz sanft, dieser inneren Bilder gewahr zu werden. Finde zu deinem Atem zurück. Zu deinem Bauch, der sich mit dem Atem hebt und senkt … bis du die Unterlage spürst, auf der du liegst oder sitzt.

Du hast alle Zeit der Welt, dieser Erfahrung nachzuspüren und dich in sie hineinsinken zu lassen – tiefer und tiefer.

Irgendwann wirst du den Impuls bekommen, deine Augen zu öffnen, diese Welt durch das Tor deiner Seele zu betrachten – mehr und mehr anzukommen.

Aad Guray Nameh

Jugaad Guray Nameh

Sat Guray Nameh

Siri Guru Devay Nameh

Ich verneige mich vor der Quelle der Weisheit.

Ich verneige mich vor der Weisheit aller Zeitalter.

Ich verneige mich vor der wahrhaftigen Weisheit.

Ich verneige mich vor der allumfassenden,

unsichtbaren Weisheit.

(Mantra aus dem Kundalini-Yoga)

Der Herzraum von Mutter Erde

WIRKUNG & ZIEL:
Durch diese Reise begegnen wir einer großen und zugleich sanften Liebe – der Liebe des Lebens und der Erde. Sie öffnet das Herz, gibt uns Stabilität und Sanftheit. Diese Reise eignet sich besonders zur Vorbereitung eines Seminars.

Meditation

Nimm eine entspannte Haltung ein, in der du längere Zeit angenehm sitzen oder liegen kannst. Beobachte deinen Körper, wie er jetzt gerade sitzt oder liegt, er spiegelt dir dein inneres Empfinden in diesem Moment. Ist er womöglich verschlossen, indem du deine Beine oder Hände überkreuzt? Oder ist er angespannt, da du vielleicht deine Schultern anziehst oder deinen Nacken krümmst? Lasse in diesem Moment innerlich vollkommen los.

Dein Geist und dein Körper dürfen jetzt vollkommen loslassen und Abstand nehmen von allem, was jetzt noch ist. Du darfst eintauchen in den Moment, deine Gedanken vorüberziehen lassen und nur meiner Stimme und der Musik im Hintergrund lauschen, die sich anschmiegt an deine innere Resonanz, um tiefer zu gehen in einen Zustand absoluter Losgelöstheit und Entspannung, während dich deine Atmung sanft begleitet und du dadurch tiefer und tiefer in dein eigenes Sein sinkst. Tiefer und tiefer kannst du gehen, dich führen lassen und wahrnehmen. Nimm wahr, wie sich dein Herz anfühlt in diesem Augenblick, wie du dein Bewusstsein ganz auf die Mitte deiner Brust lenkst und atmest und spürst, ohne etwas verändern zu wollen. Vielleicht spürst du, wie dein Herzzentrum sich zu öffnen beginnt, jetzt. Mache immer weiter auf. Weiter und weiter. In alle Richtungen … bis du von deiner eigenen Herzensliebe umgeben bist.

Nimm dich wahr, wie du hier sitzt oder liegst. Nimm wahr, was sich verändert, indem du vollkommen in Liebe bist, und wie du nun langsam, umgeben von Liebe, dein Bewusstsein in dein Wurzelchakra lenkst. Es hat seinen Sitz am unteren Ende deiner Wirbelsäule und erstrahlt in kräftigem Rot. Schaue einfach, was sich dir jetzt zeigt und wie du wahrnimmst, was es dir zeigt. Das Wurzelchakra verbindet dich mit der Erde, lässt dich die Erfahrung des Menschseins machen und steht mit allen materiellen Themen deines Lebens in Verbindung.

Atme dich ganz hinein in dieses Energiezentrum, das jetzt womöglich an Leucht- und Farbkraft gewinnt, während du eingehüllt bist in eine Kugel aus rotem Licht. Nimm wahr, wie sich diese Kugel wie eine Blase weiter aufbläht, dich einhüllt und dir als Transportmittel dienen kann, um in das Innerste von Gaia, Mutter Erde, zu wandern. Atme sanft und tief, und lasse einfach zu, dass du dich beim Ausatmen mitsamt der roten Blase immer tiefer in die Erde bewegst. Vorbei an vielen Schichten des Erdinneren, den Wurzeln alter Bäume, vorbei an Steinen. Mit jedem Ausatemzug sinkst du tiefer in das Erdinnere, langsam und bewusst getragen – einfach, indem du es zulässt. Schließlich kommst du im Innersten von Mutter Erde, den Hallen von Gaia, an.

(Atme hier hörbar und sanft ein und lange fließend aus.)

Fühle, und schaue …

Diese Hallen sind sehr groß und von unermesslicher Schönheit. Sie sind von einer besonderen Präsenz getragen, strahlend und vollkommen rein. Der Urton der Schöpfung ist hier in allem zu hören. In der Mitte dieser Hallen befindet sich das goldene Herz von Mutter Erde. Alles, was lebendig ist, hat ein Herz, ob wir es nun sehen können oder nicht. Es hat sich manifestiert und ist sichtbar für jeden, der sein eigenes Herz öffnen kann. Es schlägt in seinem eigenen Takt, wie auch dein Herz, das sich mehr und mehr dem Herzschlag Gaias anzupassen vermag, um im Rhythmus mit deinem Heimatplaneten zu schwingen.

Du stehst vor diesem Herzen und genießt diesen heiligen Moment der Verbundenheit, während sich Meister, Engel und Lichtwesen nähern und du zulassen und spüren kannst, wie hier, im Innersten der Erde die Verbundenheit so stark ist, dass sie dich durchdringt und in dir wirkt – in dir ist. Seelenaspekte zeigen sich, Menschen, die dich in deinem irdischen Leben begleiten, Tiere, Wesen …

Du spürst, wie die Hallen sich immer mehr füllen und wie du wahrhaftige Verbundenheit erfährst. Die Hallen füllen sich auch mit Menschen, denen du nie begegnet zu sein scheinst, doch du kennst sie auf irgendeine Art und Weise. All das ist dir zutiefst vertraut. Und du siehst Menschen, denen du vielleicht einst ganz nah gewesen bist, Menschen, die du verurteilt hast, denen du geschadet hast in irgendeiner Weise. Auch sie dürfen da sein.

Du erkennst ihr ursprünglichstes Licht im Inneren.

Ihr nehmt euch an die Hände, all die Lichtwesen, all die Menschen, alles, was ist. Ihr erkennt einander als wahrhaft wirkende und verbundene Wesen. Die Energie konzentriert sich, wird immer fühlbarer und stärker. Das Herz von Gaia verströmt sein Licht, das euch alle durchdringt.

Wir sind eins. Wir sind verbunden.

SET DREI

FREIHEIT ERLEBEN – TIEFER GEHEN

»Wie gelang es der Rose, ihr Herz zu öffnen
und der Welt ihre Schönheit zu schenken?
Sie fühlte die Ermutigung des Lichts in ihrem Sein;
ansonsten wären wir alle viel zu ängstlich.«

(Hafis)

Der Tempel des Herzens

WIRKUNG & ZIEL:
Diese Meditation hilft, sich auf ein höheres Schwingungsniveau einzupendeln. Mit ihr können wir die Kraft der Einheit spüren, uns in unserer eigenen Herzenswärme geborgen fühlen und unsere Energie wahrnehmen.

Meditation

Mache es dir zunächst einmal bequem, setze oder lege dich in eine angenehme Position. Atme tief durch die Nase ein, und erlaube deinem Körper, sich sanft mit gesundem Sauerstoff zu füllen. Atme aus, und spüre, wie dies ein befreites Gefühl in dir hervorruft. Du kommst ganz bei dir an und nimmst wahr, wie sich dein Atem von ganz allein zentriert, wie du Sanftheit einlädst und Schwere entlässt.

Atemzug um Atemzug …
(Als Meditationsleiter atme dabei leise, jedoch hörbar mit.)

Mit dem nächsten Atemzug tauche in deinen Körper ein, und richte deine Aufmerksamkeit auf dein Herz(-chakra) in der Mitte deiner Brust. Tief unter der Haut findest du hier ein kraftvoll vibrierendes, rosafarbenes Licht. Folge einfach deinem Atem zum Herzen, zur Quelle des rosa Lichts in der Mitte deiner Brust. Das Licht ist bereit, sich auszudehnen. Nimm es wahr, ohne es verändern zu wollen. Dieses Licht nährt deine Bereitschaft, zu lieben und Liebe anzunehmen. Es ist die Flamme deiner Schöpfungskraft. Aus ihr bist du entstanden, und durch sie hast du Zugang zu allem, was ist, war und sein wird.

Atme in dieses Licht hinein, und beobachte, wie es sich entzündet. Versuche immer noch nicht, es auf irgendeine Art und Weise zu beeinflussen. Spüre, dass deine ganze Seele, deine Ganzheit im Innen und im Außen präsent ist. Alles, was du bist, ist in diesem und in jedem anderen Moment präsent.

Du sinkst tiefer in deinen Herzensraum, in das rosafarbene Licht hinein, das ein Gefühl von Sanftheit und unerschöpflicher Liebe in dir und deinem Körper hinterlässt. Alles ist gut. Alles vibriert sanft, während du in deiner eigenen Liebe badest. Genieße …

Während das rosafarbene Licht dich ganz einhüllt und du vielleicht einen sanften Duft von Rosen vernehmen kannst, tauchst du in deinen innersten Herzenstempel ein. Schaue dich hier genau um, nimm wahr, was es wahrzunehmen gibt, und spüre, wie sich dieser Tempel für dich anfühlt.

Wie sieht dein Tempel aus? Wie wirkt seine Schwingung auf dich?

Dieser Tempel ist uralt und mitten in deinem Herzen verankert. In der Mitte dieses Tempels befindet sich eine große Lichtsäule, die den Tempel mit Licht durchflutet. Es scheint, als sei diese Säule ein Portal, das dich einlädt, näherzukommen und seine Energie ganz in dich aufzunehmen.

Stelle dich mitten hinein in diese Lichtsäule, und nimm wahr, wie ihr helles Licht deinen ganzen Körper durchflutet. Wie es alles wegspült, was dich jetzt noch schwer macht. Alle Gedanken, die dir nicht dienen. Alle körperlichen Themen werden voll und ganz durchlichtet.

Nun stehst du da, inmitten deines Tempels, und bist erfüllt von Liebe und Licht. Kraftvoll und vibrierend beginnt sich etwas in dir zu verändern – du kannst es spüren.

Jede einzelne Zelle in deinem Körper beginnt, sich an dieses Herzensbewusstsein zu erinnern. Dein Körper wird unaufhörlich mit Liebe, Klarheit und Licht informiert. Deine Handflächen beginnen zu kribbeln, und es scheint, als öffnetest du dich zu allen Seiten.

Du kannst wahrnehmen, wie sich dein Herzenstempel allmählich mit Menschen füllt, denen du seit Anbeginn dieses Lebens bisher begegnet bist. All die Menschen, die dich begleiteten, deine Angehörigen, Freunde und sogar flüchtige Begegnungen sind in deinem Tempel anwesend. Dein Herz weiß um all diese Begegnungen.

Und auch wenn Menschen dabei sind, bei denen es dir schwerfällt, zu vergeben, lasse dein Herz, lasse deine unerschöpfliche Liebe, die dich jetzt vollkommen ausfüllt, dies übernehmen. Lasse dieses Licht und diese Liebe sich auf die Menschen in deinem Tempel ausdehnen. Lasse ihnen Segen und Liebe zukommen. Nimm sie ganz herein in diesen magischen Moment, der getragen ist von Mitgefühl und Verständnis. Du lässt geschehen und dehnst dein Licht mehr und mehr aus. Atmest … während immer mehr Menschen den Tempel betreten …

Auch deine Ahnen haben in deinem Tempel ihren Platz. Ahnen aus anderen Zeitaltern. Deine Liebe fließt unendlich kraftvoll. Engel, Meister und weitere Lichtwesen füllen diesen Tempel ebenso, und die Liebe beginnt immer mehr zu vibrieren … erhebt dich … fließt auch von ihnen zu dir … und du spürst, atmest und lässt geschehen.

(2–3 Minuten Stille)

(Nun mit ganz sanfter Stimme wieder einsteigen:)

Das ganze Leben ist in deinem Tempel aufgetaucht. Die ganze Schöpfung …

Die ganze Schöpfung hat ihren Platz in deinem Herzen. Aus dem Herzen wurde sie geboren. Mit dem Herzen wird Heilung geschehen …

Langsam beginnst du, deinen von Liebe erfüllten und mit Licht durchfluteten Körper wieder stärker wahrzunehmen, deine Atmung zu vertiefen. Und du kommst allmählich in diesen Raum zurück, während deine Augen geschlossen bleiben. Nimm mit dem nächsten Atemzug deine Handflächen vor deiner Brust, in die Gebetshaltung, das Anjali-Mudra. Dieses Mudra zentriert deine Energie im Herzen und bringt dich ins Hier und Jetzt.

Ganz sanft und langsam bewegst du deine Handflächen etwas auseinander und spürst den Raum, der dazwischen entsteht. Dies ist Energie, die dich und mich, uns alle umgibt. Alles ist Energie, auch wenn sie nicht sichtbar ist.

Mit deinem nächsten Ausatemzug öffnest du langsam deine Augen und nimmst die Welt um dich herum ganz anders wahr.

Lasse dir Zeit.

Öffnen, öffnen ohne Ende

WIRKUNG & ZIEL:
Um loszulassen, müssen wir uns innerlich öffnen und uns der Emotionen, Gefühle und Gedanken bewusst werden, die uns beschäftigen. Diese sitzen meist im physischen und im mentalen Körper fest. Durch diese Reise breiten sich Weite und sanfter Frieden in uns aus.

Meditation

Erlaube dir in diesem Augenblick, ganz in der Gegenwart zu landen, dadurch, dass du zwar diese Worte hörst, sie jedoch außerhalb deines Verstandes wahrnimmst. Es ist, als würdest du durch die Worte tauchen, während sich dein Körper vollkommen von Anspannung und Verspannung befreien kann. Erlaube dir, in ein Bewusstsein einzutauchen, das deinen ganzen Körper umfasst, wahrnehmend, wie dein Herz sich seinem eigenen natürlichen Rhythmus anpasst und du Herzschlag um Herzschlag immer tiefer loslassen kannst – entspannen kannst.

Deine Füße oder Beine berühren den Boden, und du wirst dir dessen vollkommen bewusst. Erlaube dir, wahrzunehmen, wie du vom Boden täglich verlässlich getragen wirst. Du spürst deine Beine, die dich tragen, dein Becken, das dich beweglich sein lässt, dein Gesäß, das die Unterlage berührt. Du nimmst deinen gesamten unteren Körper wahr, bis du mit deinem Bewusstsein in deinen Bauch hinaufwanderst, auch ihn spürst und wahrnimmst, wie er sich in diesem Moment anfühlt. Verweile einen Augenblick an diesem Ort deiner Intuition und deines Bauchgefühls.

Entspanne deinen unteren Rücken, und nimm auch ihn einmal vollkommen wahr. Wandere mit deiner Wahrnehmung hinauf in den mittleren und oberen Rücken. Lasse diesen Bereich vollkommen locker, und gehe dann weiter in deinen Brustraum, indem du einen tiefen Atemzug nimmst, die Luft in Bauch- und Brustraum für einen Moment hältst und dich innerlich öffnest – und ausatmest … bis deine Schultern sich von aller Anspannung lösen können, dein Nacken und Hals sich befreit anfühlen. Gehe nun mit deiner Aufmerksamkeit in deinen Kopf, der sich jetzt von allen Gedanken lösen darf. Er fühlt sich gut und leicht an. Sehr frei und offen.

Lasse dir Zeit, nimm nun einmal deinen ganzen Körper wahr, und schenke ihm deine volle Aufmerksamkeit. Werde dir bewusst, welches Geschenk dein Körper tatsächlich ist. Wie er dich nährt, trägt und als Tempel deiner unendlichen Seele dient. Ein Gefäß, durch das Wunder, Erfahrungen und Berührungen möglich sind.

Hole jetzt, im Gewahrsein deines gesamten intelligenten Körpers, jene Erfahrung der letzten Minuten, Tage oder Wochen hervor, die dich beschäftigt, die dir Angst macht oder in irgendeiner Weise das absolute Vertrauen lähmt, das dich durch dieses Leben trägt. Und auch, wenn nichts auftauchen wird, erforsche eine mögliche Enge, einen Fixpunkt, in dem die höchsten Wunder darauf warten, sich zu öffnen. Womöglich ist es einfach nur ein Druck, den du spürst, auf deinen Schultern, im Herzen oder im Bauch. Atme tief und bewusst, und bitte die Erfahrung und die dazugehörige Emotion, das Gefühl oder die Empfindung, aufzutauchen, sich irgendwo in deinem Körper zu zeigen.

Erlaube dir, ganz in diesen Bereich hineinzutauchen, bis du mittendrin bist in der Enge oder dem Ursprung dessen, was dich hindert, deine Seele vollends zu entfalten. Atme in diesem Elend, diesem Schmerz oder der Enge. Atme. Atme. Atme.

Es wird dich niemals umbringen. Der einzige Tod ist das Gefühl, das dich lähmt – das nun aufbricht in eine göttliche Umarmung des Mitgefühls. Jetzt. Atme. Atme. Atme.

Du spürst deinen Körper, den Bereich, womöglich auch die Dunkelheit. Beginne, diesen Bereich weit zu öffnen. Lasse alles darin sich fließend bewegen und ausdehnen. Bis in unendliche Sphären der vibrierenden, heilsamen Einheit. Den Raum, in dem deine Seele wohnt. Atme, und entspanne, um anzukommen in einer Stille, die jenseits von Zeit und Raum existiert.

Lasse dich einladen, die Energie und die unendlich verborgene Kraft jetzt zu befreien. Lasse sie los! Sie sind Illusionen, die gefangen waren in einem Körper, der ebenfalls Illusion ist. Die Wahrheit ist deine Seele.

Gehe mit deiner Aufmerksamkeit in deinen Brustkorb, und lade die Energie der Einheit und Verbundenheit ein. Dein Herz, es beginnt sich mit jedem Atemzug zu öffnen, und ein Nektar reiner Liebe fließt aus deinem Herzen in deinen Brustkorb, entlang den Rippen, und läuft heilsam in deinen Magen, um die Freude zu entzünden, die du bist – weil du lebst.

Der Nektar fließt über dein Becken, deine Beine und Füße. Verbindet dich mit Leben. Er fließt entlang deiner Wirbelsäule und richtet dich auf, um die Königin/den König in dir zu erwecken. Und alles wird weit und befreit. Es ist, als würde sich dein Körper unendlich weit ausdehnen, und der Nektar fließt und fließt … fließt um deine Schultern, deinen Nacken und deine Arme. Er beginnt, sich in deinen Händen auszudehnen – du spürst, wie sich deine Handflächen öffnen, um zu empfangen, was das Leben dir gibt.

Und der Nektar fließt weiter in deinen Kopf und zaubert ein Lächeln auf deine Lippen, reinigt deinen Blick und erfüllt dein Gehirn mit Liebe.

Alles ist Liebe. Alles ist Liebe. Ich bin Liebe.

Ich bin unendlich offen.

Meine Seele ist meine Führung …

… auf die ich vertraue. Jetzt.

(1 Minute Stille)

Lasse dir Zeit, um nach und nach in diesem Raum, in diese Welt zurückzukehren. In eine Welt, in der du selbst das Wunder bist, das sich zeigt, wenn du offen bist und bleibst.

Der Weg zu den Ahnen

WIRKUNG & ZIEL:
Diese Meditation führt dich in die Welt deiner Ahnen und lässt dich die Verbundenheit und Kraft aus deinem familiären Ursprung erfahren. Kraft und Segen schenken ein tiefes Gefühl von »Du darfst da sein«.

Meditation

Atme zunächst tief ein und aus. Prüfe, ob du angenehm liegst oder sitzt, und nimm wahr, wie dein Atem dich immer mehr in deine innere Welt führt – du atmest ein – du atmest aus.

Während du mit jedem Atemzug immer tiefer sinkst, kannst du wahrnehmen, wie sich um dich herum eine goldene schützende Kuppel bildet – sie schwingt hoch energetisch um dich herum und verleiht dir kraftvolle und zugleich ruhige Energie.

Du wirst bemerken, wie du immer mehr zur Ruhe kommst, bei dir ankommst – genieße, und lasse geschehen.

Dein Atemstrom trägt dich immer tiefer in deine Seelenwelt. Diese ist voller Weisheit, Kraft und Liebe – fühle dies selbst, während du dabei immer tiefer abtauchst.

Du gelangst an einen dir bekannten Ort, der dir Kraft und Schutz bieten kann. Dieser Ort ist wichtig für dich, hier kannst du noch einmal Energie tanken, bevor du deine Reise antrittst.

Dies kann ein Raum sein, ein Ort oder ein Platz … Fühle dich ganz hinein, atme den besonderen Geruch ein, den dieser Ort verströmt. Vielleicht hörst du ganz besondere Klänge. Sieh dich um …

Vielleicht magst du nun eine ganz bestimmte Energie zu dir rufen, einen Engel oder Meister, der dir Kraft und Schutz bieten kann für deine weitere Reise. Spüre selbst, welche Energie deine Seelenwelt gebrauchen kann … Diese Energie wird sich schützend um dich legen, du kannst dies ganz deutlich wahrnehmen. In diesem Raum, an diesem Ort oder Platz erkennst du eine Treppe, die nach unten führt. Es ist jene Treppe, die in das Totenreich deiner und all unserer Ahnen führt. Prüfe genau, ob du bereit bist, dich hinabzubegeben in dieses Reich, das so machtvoll erscheint, so kraftvoll.

Während du dich der Treppe näherst, bemerkst du eine ganz besondere Stille, die einen subtilen Klang in sich trägt – wie ein zarter Windhauch, ein leises rhythmisches Trommeln.

Du betrittst die erste Stufe dieser Treppe … die zweite … die dritte … bis du jetzt oder gleich ankommst im Reich der Toten. Du kannst sehen oder spüren, wie all die Toten dort liegen, und du schaust dich um, während sie sich langsam regen und aufrichten.

Spüre den Schutz, den du bei dir trägst – dein Vertrauen und deinen Mut. Nimm deine Ahnen wahr. Es sind unendlich viele, Tausende, Millionen von Ahnen, die in diesem Reich auf dich gewartet haben.

Du blickst in die Menge und kannst deine näheren Verwandten erkennen, auch wenn du sie womöglich nie kennengelernt hast … Deine Ahnenkette reicht zu deinen Urgroßmüttern und Urgroßvätern und darüber hinaus – fast bis ins Unendliche. Während du deinen Weg durch die Reihen der Toten beschreitest, wirst du jetzt oder gleich einem Ahnen begegnen, zu dem du dich besonders hingezogen fühlst. Lasse dir Zeit, dich ihm oder ihr zu nähern, und spüre, was diese Ahnin/dieser Ahne mit dir zu tun hat. Lasse dich führen, und gib dich ganz dieser Begegnung hin, während du weiterhin ruhig atmest.

Nimm Kontakt auf, indem du Fragen stellst oder einfach nur Blickkontakt hältst. Spüre. Vielleicht wirst du Botschaften erhalten, vielleicht weißt du auch, dass du von diesem Ahnen/dieser Ahnin etwas trägst, was dich in irgendeiner Art in der Verstrickung hält. Womöglich ist es ein Verhaltensmuster, eine Schuld oder eine übernommene Angst – dann gib es ihr oder ihm jetzt zurück, indem du kräftig ausatmest – jetzt. Wisse, dass du es ihr oder ihm liebevoll und voller Achtung zurückgeben kannst. Fühle, wie dabei in deinem Energiesystem eine Wandlung geschieht – ein Aufatmen. Danke ihr oder ihm dafür, und schenke ihr oder ihm all deine Liebe und Wertschätzung.

Du fühlst dich zentriert, gestärkt und voller Zuversicht. Du schaust dich um und erkennst weitere Ahnen, die den Kontakt zu dir suchen, die sich freuen, dir zu begegnen und ihre Weisheit mit dir zu teilen – du weißt, dass du den Kontakt jederzeit aufnehmen kannst.

Vielleicht möchtest du dich einem weiteren Ahnen/einer weiteren Ahnin zuwenden, spüren – einfach geschehen lassen – und wahrnehmen, was euch miteinander verbindet.

Hole dir Kraft, nimm Botschaften wahr, und spüre den ganz besonderen Segen aus dem Reich der Toten, der in dein Leben strömt – jetzt.

Genieße, atme, und nimm auf, was du liebevoll annehmen kannst … Lasse auch deinen Segensstrom zu deinen Ahnen fließen. Öffne dein Herz. Segen für Segen fließt unaufhörlich zu dir und von dir zu deinen Ahnen …

Du spürst die besondere und kraftvolle Energie dieses Moments – den Austausch von Liebe und Segen.

Bitte mache dich nun bereit, langsam die Treppenstufen wieder hinaufzugehen. Danke deinen Ahnen für ihren Segen, und lasse allmählich los, indem du Stufe um Stufe die Treppe hinaufgehst – und an deinem sicheren Ort ankommst. Bedanke dich für die Führung deines Engels oder jener schützenden Kraft, die dich begleitet hat.

Du nimmst wahr, wie gesegnet und erfüllt du dich fühlst, während du immer tiefer atmest und eine kraftvolle Welle von roter Energie von der Erde aus in deinen Körper fließt bis hinauf zu deinem Kopf und darüber hinaus, dich erfrischt und dich ankommen lässt im Hier und Jetzt.

Du bewegst deine Hände und Füße, um dich gut zu spüren, klopfst auf deine Thymusdrüse (hinter deinem Brustbein) und kommst wieder ganz in deinem Leben an – jetzt.

Die Ebene der Engel

WIRKUNG & ZIEL:
Diese Meditation ist eine sehr berührende, klärende und energetisch kraftvolle Reise zur Ebene der Engel. Sie erinnert uns an den Himmel.

Tipp: Bei dieser Meditation eignet sich sphärische und sanfte Musik, um eine heilige Stimmung im Raum zu erzeugen.

Meditation

Mache es dir bequem, und finde die für dich passende Sitz- oder Liegeposition. Nimm deinen Atem bewusst wahr, ohne ihn zu verändern. Nimm die rhythmische Bewegung wahr. Du atmest ein, du atmest aus und gelangst allein durch dieses bewusste Atmen in einen tieferen und entspannten Zustand, der dir erlaubt, ganz bei dir zu sein. Du bist präsent im Augenblick und in deinem Selbst und sinkst mit jedem Ausatmen weiter in deine Innenwelt, in der die Dinge so real sind wie im Außen. Hier ist das, was du träumst und glaubst und was sich dann in der Außenwelt zeigt.

Während du mithilfe deines Atems in immer tiefere Schichten deiner Wahrnehmung eintauchst, spürst du, wie deine Energiezentren, deine Chakras sich nach und nach ausrichten.

Dein Kronenchakra beginnt, sich zu öffnen, zu zirkulieren. Du merkst dies daran, dass der höchste Punkt deines Kopfes beginnt, angenehm zu kribbeln. Das höchste, weiß-goldene Licht Gottes strömt herein.

Auch dein geistiges Auge zwischen deinen Augenbrauen, das in Wahrheit dein erstes Auge ist – der violette Sitz deiner Visionen und Träume –, beginnt, sich zu öffnen.

Dein Halschakra erstrahlt in sanftem Blau und aktiviert deine Stimme, deine Gabe.

Und dein Herzchakra in der Mitte deiner Brust beginnt, sich nun wie ein Fenster zu öffnen. Mache es weit auf, gehe tief hinein mit deiner Wahrnehmung, und dehne es aus. Sanftes Grün erstrahlt aus deinem Herzen und verbindet, was zusammengehört.

Deine innere Sonne, dein Solarplexus, etwas oberhalb deines Bauchnabels leuchtet in strahlendem Gelb-Gold. Genieße, und lasse geschehen.

Auch dein Nabelchakra aktiviert sich, beginnt, in kraftvollem Orange zu funkeln, zieht die kreative Feuerkraft in die Realität und aktiviert deine Leidenschaft. Du brennst in diesem Orange und lässt dies zu.

Deine Wurzeln am Steißbein beginnen, machtvoll zu vibrieren. Dies öffnet dir die Welt von Gaia, von Mutter Erde. Du bist hier. Du bist da. Du bist.

Bitte nimm wahr, wie Erzengel Metatron an dich herantritt. Fühle zunächst seine Energie, seine Präsenz, und öffne dich ihm dann.

Metatron hilft dir, eine Brücke zur lichten Welt der Engel zu bauen, und besitzt eine enorme Macht, deine feinstofflichen Körper an eine höhere Energie anzupassen. Nimm wahr, wie er an dich herantritt und sich hinter dich stellt. Er legt seine Hände auf deine Schultern und lässt weiß-goldenes Licht in dich einströmen. Möglicherweise beginnt dein Körper zu vibrieren, deine Zellen reagieren, und dein ganzes System wird an eine höhere Bewusstseinsebene angeglichen. Wie stark du dich darauf einlässt, hängt von deiner Bereitschaft ab, dich zu öffnen. Vertraue, und lasse geschehen.

Dein ganzes Bewusstsein wird geweitet, und dein physischer Körper ist kaum noch wahrnehmbar, während unaufhörlich Energie in dein System strömt. Dein ganzes Sein wird von hellem goldenem Licht durchflutet. Ein Gefühl der Schwerelosigkeit tritt ein … bis du ganz allmählich vor deinem geistigen Auge einen Ort erkennst, der dir womöglich vertraut erscheint oder auch nicht. Es ist ein Ort, der von vielen Menschen seit Jahrtausenden besucht wird. Metatron erklärt dir: »Dies ist jener Ort, den die alten Schamanen und Priester besuchten, um Zugang zu höheren Ebenen zu erhalten. Dieser Ort ist in jedem Bewusstsein anders, und doch trägt er die gleiche Energie. Geliebte, Geliebter, fühle diesen Ort, nimm ihn energetisch, körperlich und bewusst wahr. Rieche ihn, schmecke ihn, sieh ihn an, und höre den Klang des Ortes. Du wirst von hier aus noch oft Reisen antreten. Du bist jede Nacht hier – erinnere dich.«

Nimm dir bitte Zeit, die besondere Schwingung zu erleben. Tauche ganz in diese besondere Energie ein, und sinke tiefer in sie hinein, während dein energetisches System mehr und mehr den höheren Dimensionen angeglichen wird. Du erkennst vor dir einen großen Energiewirbel. Ähnlich einem Wirbelsturm aus hellem Licht, in dessen Mitte du eintreten darfst. Von ihm geht eine enorme Macht aus. Nimm dir daher bitte Zeit, schaue ihn an, und atme sanft weiter.

Dies ist ein Portal zur höchsten Ebene, zur höchsten Dimension. Ein Zugang zur universellen Einheit. Du schaust dir dieses Portal an und gehst langsam auf es zu. Du weißt, dich erwartet unendlicher Frieden in jenem Reich, in das du gleich eintreten wirst. Du bist so präsent, so dankbar und erfüllt von einer solch hohen Energie.

Du stehst nun vor diesem Energiewirbel und trittst langsam ein. Noch auf dem Boden stehend, bemerkst du, wie deine Seele nach oben gezogen wird und deine Hüllen im Wirbel zurückbleiben. Mehr und mehr steigst du auf. Mehr und mehr.

Du bist nur noch Bewusstsein, vollkommen frei vom Irdischen, vom Ego, von dem, was dich zuvor auszumachen schien.

Du wirst von unzähligen energetischen Wesen begleitet. Den Engeln, Meistern, Feen, den feinstofflichen Wesen. Wie eine Spirale zieht es dich nach oben, drehend, freier und leichter werdend, immer leichter …

Gleißend helles Licht, wohin du blickst. Du fühlst es mit deinem ganzen Sein, verbunden mit deinem Höheren Selbst – deinem Gottesselbst … bis du ankommst in der unendlichen Stille und Weite, im Anfang sowie im Ende, im Gottesbewusstsein. Dem Thron Gottes selbst.

Unendliche Stille. Schwerelosigkeit. Der Sitz Gottes.

Und du nimmst die göttliche Präsenz wahr, nimmst den Ursprung allen Lebens wahr und weißt, du bist ein untrennbarer Teil von alldem. Hier bist du das göttliche Selbst.

Schaue bitte jetzt oder gleich, wie vor dir aus dem Nichts eine riesige kristallene Kugel auftaucht. Eine Kugel, durch die du von dieser Ebene aus auf deine menschlichen Inkarnationen schauen kannst. Bilder, Gefühle und Ströme tauchen auf … Lasse geschehen. Bitte nun darum, dass deine jetzige Inkarnation auftauchen möge. Schaue hin … Du siehst aus dem Gottesbewusstsein auf dein Leben, auf deine Themen und karmischen Verstrickungen. Lasse alles auftauchen, und sieh nur zu.

Was taucht auf? Was kannst du erkennen oder fühlen? Wo folgst du in diesem Leben nicht deiner Führung? Wo gehst du den Weg der Schwere?

Mache dir bitte all diese Themen bewusst, und bitte um göttliche Führung bei alldem, wenn du bereit bist. Schicke die Engel der Heilung, die Erzengel, die Engel der Liebe und des Mitgefühls in jene Situationen. Lasse sie wirken und ihre Aufgabe für dich erfüllen zum höchsten Wohle.

Sieh, was geschieht.

Schicke Licht in diese jetzige Inkarnation, erfülle sie mit Gottes Liebe und mit der Macht der Engel.

Es ist, als würden Hebel in Bewegung gesetzt, die deine Inkarnation auf Heilung und Verwirklichung ausrichten. Lasse geschehen. Es fließt all das in dein Leben, was du brauchst.

Segne das, was du siehst. Dann lasse allmählich die Bilder verblassen, und wisse, es ist alles zum höchsten Wohle.

Eine rote Spirale steht bereit, um dich ins Irdische zurückzuholen. Gehe bitte auf sie zu, und lasse dich mitnehmen, Stück für Stück an den Ort, an dem Metatron auf dich wartet. Immer mehr wirst du wieder zurückgeholt, aufgebaut und gestärkt durch Materie. Mehr und mehr …

… bis du ankommst, jetzt an diesem Ort.

Verbindungen lösen

WIRKUNG & ZIEL:
Ich entdeckte ähnliche Meditationen vor einigen Jahren in den Büchern von der Engelexpertin Doreen Virtue und wende sie bis heute immer wieder an, um mich von Fremdenergien, belastenden Situationen und auch Ängsten zu lösen. Wenn wir mit Menschen in Kontakt kommen, tauschen wir auf verschiedenen energetischen Ebenen Energien aus, die sich nach und nach festigen und zu Schnüren werden, die uns umgeben. Um ganz in der eigenen Kraft, also bei uns zu sein und uns aus allem zu lösen, was nicht zu uns gehört, ist diese Meditation eine der besten Methoden.

Meditation

Schließe sanft deine Augen, und komme mithilfe deines Atems gut bei dir an. Dein Atem trägt dich von Augenblick zu Augenblick, bringt dich dir selbst näher. Jedes Einatmen lässt Wellen der Ruhe in deinen Körper fließen – jedes Ausatmen hilft dir, loszulassen, und entspannt deinen Körper und deinen Geist. Wenn du möchtest, bitte Begleiter wie deine Schutzengel, Krafttiere oder Meister, bei dir zu sein. Fühle einmal, wie sich durch ihre Anwesenheit die Energie in dir und um dich herum verändert.

Ich lade dich ein, deinen Körper zu fühlen und ihn von außen zu betrachten. Du stehst vor einem dunklen Hintergrund und siehst ganz deutlich die hellen Verbindungen, die von deiner Aura zu den Menschen fließen, die du kennst und mit denen du verbunden bist. Beobachte, an welchen Stellen deines Körpers die Schnüre, vielleicht auch Fäden oder Linien, beginnen und zu wem sie hinführen. Diese Verbindungen können zu Familienmitgliedern, Arbeitskollegen, aktuellen und vergangenen Partnerschaften und auch bis ins Totenreich zu den Ahnen reichen. Schaue einfach, wohin die Verbindungen führen, und lasse dich von deiner Intuition leiten.

Wenn du alle energetischen Verbindungen wahrnehmen kannst, bitte um die Präsenz von Erzengel Michael, der sogleich in seiner ganzen Pracht und Schönheit erscheint.

(Kurze Pause – tief durchatmen)

Bitte Erzengel Michael, die Verbindungen, die dir nicht guttun oder die einfach schon zu lange bestehen, mit seinem Lichtschwert zu durchtrennen. Sei dir bewusst, dass auch positive Verbindungen von Zeit zu Zeit energetisch gelöst werden dürfen, damit wieder ein Nährboden für positive und klärende Kräfte geschaffen wird.

(Kurze Pause – tief durchatmen)

Es ist ein Akt der Gnade, der Liebe und des Respekts vor allen Seelen. Durch diese Trennung entsteht zwischen dir und den Menschen ein großer Freiraum, in dem klare und heilsame Impulse schwingen dürfen.

Spüre, wie es sich in dir anfühlt, loszulassen und immer freier zu werden.

Wenn alle Fäden, Schnüre und Verbindungen gelöst sind, nimm einen tiefen Atemzug, und lasse heilendes helles Licht in die Stellen hineinfließen, die nun in dir entfernt wurden, die Stellen, in die all die Schnüre und Verbindungen mündeten. Lasse dieses Licht strömen, pulsieren und strahlen. Fühle dabei Erzengel Michaels Segen, der dich unentwegt umgibt.

Atme noch einmal tief und bewusst ein und aus. Wenn du magst, frage Erzengel Michael, ob es noch etwas zu tun gibt. Falls nicht, komme ganz langsam wieder zurück. Nimm wahr, wie sich dein Körper anfühlt. Nimm deinen Atem, den Boden unter dir und den Raum wahr … bis du ganz zurückkommst.

SET VIER

NACH DEM HÖCHSTEN STREBEN

»Seht ihr den Mond dort stehen?
Er ist nur halb zu sehen und ist doch rund und schön.
So sind wohl manche Sachen, die wir getrost belachen,
weil unsre Augen sie nicht sehn.«

(Matthias Claudius)

Sonne, Mond und Sterne

WIRKUNG & ZIEL:
Tiefe Erdung und zugleich kosmische Energien erfährst du durch dieses »Innenweltritual«, das dich dabei unterstützt, etwas loszulassen und zugleich das Neue willkommen zu heißen.

Meditation

Finde eine bequeme Sitzposition, und beginne damit, einfach zu lauschen und zu beobachten, was um dich herum geschieht. Spüre die Temperatur, die deinen Körper in diesem Moment umgibt. Spüre den Boden unter dir, und nimm mit ihm Kontakt auf. Dieser Boden trägt dich schon viele Jahre. Er bietet dir die Bühne, auf der das Leben sich für dich manifestiert. Er nährt und trägt dich.

Dieser heilige Boden erdet deine Energien und lässt dich die Welt so erfahren, wie du sie tief in dir erleben willst. Lasse deinen Atem in deinen Bauch fließen und deinen nächsten Ausatemzug in diesen Boden. Auf diese Weise wirst du bemerken, wie du selbst immer schwerer und schwerer wirst – und dich dem Boden bedingungslos anvertrauen kannst. Innerlich kannst du loslassen und alles an den Boden abgeben – vielleicht ein Gefühl der Enge, der Angst oder des Kummers. Lasse alles in diesen Boden fließen, und tauche tiefer ab.

Entspanne dich, und bleibe ganz mit dem Boden unter dir verbunden. Wiederhole in dir den Satz »Ich bin entspannt und lasse meinen Atem ruhig fließen – ich vertraue«, während du dich vollkommen nach innen wendest in die Region deines Magens, in dein Sonnengeflecht – den Ort in dir, der all das Leben wahrnimmt und erfährt, der das Leben aufnimmt und »verdaut«.

Erlaube dir, dich innerlich an diesen Ort führen zu lassen, indem du ein Tor, eine Tür oder etwas Ähnliches auftauchen lässt.

Stelle dich vor diesen Eingang, nimm einen tiefen Atemzug, und lasse die Tür oder das Tor sich jetzt öffnen. Du betrittst deinen inneren Tempel des Lebens. Dieser ist voller Gold und Licht. Du wirst augenblicklich von Liebe und Hingabe durchdrungen. Eine angenehme Wärme durchströmt deinen Körper und schenkt dir tiefe Ruhe und Frieden.

Schaue dich in dem goldenen Tempel deines Lebens um, und lasse ihn auf dich wirken. Sieh, wie in der Mitte des Tempels das ewige Feuer lodert, das all deine Lebensenergie nährt und bewahrt. Dieses heilige Feuer in dir lässt dich tiefe Hingabe und Führung erfahren. Es gibt deinen Sehnsüchten die Kraft, die sie brauchen, damit sie gelebt werden können. Deinen Lebensträumen gibt das Feuer den nötigen Schub.

Stelle dich vor das Feuer. Was siehst du? Schaue, wie die Flammen tanzen, wie das Feuer knistert, funkelt und strahlt. Dieser kraftvolle Moment an deinem eigenen Feuer durchströmt dich. Frage dich: Ist das Feuer hell genug? Hat es die passende Größe und Farbe? Oder ist es eher ein kleines Licht? Kann ich spüren, wie diese Flammen durch meinen ganzen Körper, durch mein ganzes Sein vibrieren? Oder fällt es mir schwer, das Feuer überhaupt wahrzunehmen?

Am Fuß der Feuerstelle liegen Papier und Stift bereit. Ich lade dich ein, dir jetzt die letzten Monate in deinem Leben noch einmal anzuschauen. Lasse innere Bilder, Gedanken oder Gefühle auftauchen, die dein Feuer in irgendeiner Weise geschwächt haben. Welche Dinge haben nicht funktioniert, was hat dich verletzt oder dich geschwächt? Gab es Ängste, oder wollten deine Vorhaben einfach nicht aufblühen? Schreibe dies stichpunktartig auf das Papier, atme sanft ein und aus, und lasse dich vollkommen führen.

(Stille)

Nun lade ich dich ein, das Papier in das Feuer zu werfen. Jetzt. Du schaust und spürst, wie sich all das, was du erlebtest, vollkommen transformiert und von dir in dieser heiligen Zeremonie losgelassen wird. Lasse los. Atme aus …

Das Feuer lodert, wirft immer größere Flammen und baut sich auf. Deine Lebensenergie gewinnt an neuer Kraft. Es erweckt in diesem Augenblick deine Leidenschaft, deine Hingabe und deinen Mut. Öffne deinen Körper jetzt, und spüre, wie dich das Feuer vollkommen durchströmt.

Stelle dich mitten hinein in die Flammen. Genieße, und lasse geschehen, was geschehen will. Eine enorme Energie durchströmt dich, all deine verlorenen Anteile kehren augenblicklich zurück. Öffne dich.

(Stille)

Und während du so im Feuer stehst, kannst du vielleicht wahrnehmen, wie dein innerer Tempel vollkommen in Licht gehüllt ist. Du erinnerst dich daran, wer du wirklich, wirklich bist. Ein erhabener Moment. Gib dich hin.

Beginne, tief und rhythmisch einzuatmen, um das Feuer, in dem du stehst, vollkommen in deinen Solarplexus aufzunehmen und es dort weiter brennen zu lassen. Atme ein, und lasse es in deine Magengegend fließen.

Spüre, wie es dich aufrichtet und deinen ganzen Körper vitalisiert und energetisiert. Lasse dir Zeit, um nachzuspüren … bis das Feuer vollständig in dich aufgenommen ist …

(Stille)

Ich lade dich nun ein, deine innere Göttin hier in deinen Tempel zu rufen. Diese Göttin ist ein untrennbarer Teil deiner Seele. Sie ist mit dem Kosmos und der Erde tief verbunden. Mystisch und wissend. Lasse die weise Göttin sich dir nähern. Schaue sie dir an. Erinnere dich …

Sieh, wie deine innere Göttin vor dir steht. Ihre Präsenz lässt dich erahnen, wie glanz- und friedvoll du selbst bist. Welche Ruhe und welcher Frieden dich nun durchdringen. Die Göttin hält in ihren Händen einen Kelch, und sie spricht zu dir: »Dieser Kelch möge gefüllt werden mit all deiner Sehnsucht, mit allem, was du brauchst, um tiefen Frieden zu erfahren und diesen in deinem Leben zu manifestieren.«

In diesem Augenblick öffnet sich die Tempeldecke, und du blickst hinauf zu den Sternen und zum Mond. Der Mond erinnert dich an deine ureigene Sehnsucht. Sein Licht leuchtet strahlend hell in den Tempel hinein und ist bereit, den Kelch mit deinen Kräften und Sehnsüchten zu erfüllen.

Lasse dir Zeit, während der Becher sich unaufhörlich füllt.

In diesem Augenblick kannst du spüren, wie deine innere Sonne, dein Feuer sich mit dem Mond und den Sternen und allem, was ist, verbunden hat. Die Göttin reicht dir den Kelch, in dem deine eigene Medizin enthalten ist. Trinke sie. Spüre, wie augenblicklich all deine Zellen und dein Geist von ihrer ursprünglichen Kraft durchdrungen werden.

Purer Frieden, Stille, Weite breiten sich aus.

Während du innerlich noch in dieser Kraft verweilen kannst, komme ganz sanft und in deinem eigenen Tempo hierher zurück. Atme.

Mondmeditation

WIRKUNG & ZIEL:
Dies ist eine Reise, die sehr entspannend und aufbauend wirkt. Sie lädt ein, einfach zu fühlen, zu träumen und vollkommen abzutauchen in weibliche und sanfte Qualitäten.

Meditation

(Beginne mit 2–3 Minuten Stille.)

Nimm einen tiefen Atemzug, und spüre, wie sich zuerst deine Brust hebt und dann dein Bauch. Lasse mit der Ausatmung los, indem sich dein Bauch senkt und dann dein Brustkorb. Wie in Wellen atmest du ein – atmest du aus. Lasse dir Zeit, und atme tief in deinen Bauch ein – und aus … ein – und aus …

(1 Minute Stille)

Dein Geist kommt zur Ruhe. Deine Gedanken werden still und ziehen einfach an dir vorbei.

Lenke deinen Atem in deine Füße und Beine – und lasse mit dem Ausatmen diesen Bereich vollkommen los.

Atme in dein Gesäß, dein Becken und in deine Hüften – atme aus, und lasse vollkommen los.

Atme in deinen gesamten Rücken und deine Wirbelsäule – lasse mit der Ausatmung los … sodass du dich ganz dem Boden anvertrauen kannst.

Dein nächster Atemzug führt in deinen Bauch, deine Brust und dein Schlüsselbein – und du lässt mit deiner Ausatmung los.

Sende deinen Atem in deine Schultern, Arme und Hände – lasse los, und entspanne. Nun lenke deinen Atem in deinen gesamten Kopf und Nackenbereich – und atme aus, lasse auch hier ganz los.

(1 Minute Stille)

Während dein Körper ganz entspannt und dein Geist weit geworden sind, kannst du wahrnehmen, wie sich die Atmosphäre um dich herum verändert.

Du spürst, dass sich der Boden, auf dem du liegst, verändert hat – du liegst auf feinstem Staub. Der Himmel ist übersät mit Sternen, und weit und breit entdeckst du eine Landschaft voller Krater.

Du befindest dich auf dem Mond. Einem Ort voller Ruhe, Stille und faszinierender Anziehung. Du fühlst dich leicht, beschützt und warm und kannst fließend atmen, ohne Raumanzug oder ähnlichen Schutz.

Die Kraft der Mondin, der großen Göttin, hat dich eingeladen, deren Reich zu betreten und von ihrer Energie und Kraft zu schöpfen. Nimm, wenn du möchtest, diese Einladung an, und schaue dich ein wenig um.

Der Mond kann dir seine großen Geheimnisse offenbaren, wenn du achtsam zuhörst. Dieser Himmelskörper ist voller Lebendigkeit und Magie.

Während du dich so umschaust, kannst du einen kleinen Krater erkennen, in dem sich ein Teich aus flüssigem und warmem Wasser befindet – fast so, als würde das Innere des Mondes diesen Teich mit seinem Licht erwärmen.

Steige hinein, und lasse die Kräfte des Mondes und dieses uralten Wassers in dein System hereinfließen. Spüre, wie sich dein Körper und dein Geist mit den darin gespeicherten Informationen anfüllen – mit all den weiblichen Qualitäten, dem Fließen, der Stille und mehr.

Und du genießt. Fühlst. Und lässt dir all die Zeit, die du brauchst.

Du lädst dich mit allem auf, was du brauchst, was sich gut anfühlt und dich erfüllt.

(1 Minute Stille)

Du nimmst die Atmosphäre wahr, die du um dich herum spürst. Vielleicht möchtest du deine Hände und Füße ein wenig bewegen. Diese einzigartige neue Lebenskraft ist hier. In dir. Öffne sanft deine Augen.

Du warst schon immer hier.

Willkommen.

Die Violette Flamme der Transformation

WIRKUNG & ZIEL:
Die Violette Flamme der Transformation ist ein machtvolles Werkzeug, das auf der energetischen Ebene wirkt und so von Altlasten, Bürden und Schwere befreien kann. Meditationsleiter können ihren Klienten mit dieser Meditation eine Vorlage liefern, die diese in ihrem Geist immer wiederholen und mit der sie eigenverantwortlich arbeiten können.

Meditation

Schließe deine Augen, und gib deinem Körper das Signal, loszulassen, indem du tief ein- und langsam, jedoch kraftvoll ausatmest. So gibst du auch deinem Geist zu verstehen, dass du zur Ruhe kommen willst. Einatmen und ausatmen. Lasse dir Zeit, zu fühlen und wahrzunehmen, was in deinem Innersten geschieht.

Mehr und mehr gelangst du durch deine Atmung zu dir selbst. Sie ist das Eintrittstor in die Welt deiner Gefühle und der Bilder, die in dir schlummern. Lasse dich ganz führen, schaue, was in dir auftauchen möchte, und nimm all das ohne Wertung wahr. Während dein Körper nach und nach entspannter wird, fließen Wellen von Klarheit über deine Füße und bahnen sich ihren Weg hinauf zu deinen Beinen, um von dort noch weiter hinaufzusteigen zu deinen Knien, Oberschenkeln und schließlich zu deinem Becken. Spüre, wie du dadurch noch tiefer entspannen kannst, einfach, indem du die Wellen der Klarheit erlaubst. Sie fließen weiter in dein Gesäß, den unteren Rücken und entlang deiner Wirbelsäule. Immer mehr Klarheit steigt in dir auf, richtet dich auf und hinterlässt ein Gefühl von Weite in dir. Lasse sie in deinen gesamten Rücken fließen, und spüre, wie sie sich sanft über deine Schultern bewegt und auch diese ganz in Klarheit taucht.

Nun wirst du vielleicht bemerken, wie Lasten, die in diesem Moment nicht mehr wichtig sind, von dir abfallen. Dein Atem fließt weiterhin sanft und gleichmäßig. Klarheit fließt weiter in deine Arme bis hin zu deinen Händen und in jeden einzelnen Finger. Sie breitet sich in deinem Hals aus und in deinem Kopf, in dem du mit deiner Aufmerksamkeit verweilen und geschehen lassen darfst. Bis in die Haarspitzen.

Nun nimm wahr, wie du eingetaucht bist in Klarheit und wie dein Körper darauf reagiert. Vielleicht nimmst du das Fließen der Energien wahr, vielleicht gluckert dein Bauch, oder deine Atmung ist leichter und tiefer geworden. Wenn du Klarheit in dich und deinen Körper einlädst, ist es dir auch möglich, klarer wahrzunehmen, was es wahrzunehmen gibt.

Nimm dein Bewusstsein nun mit in dein Herz, in das du jetzt tiefer und tiefer sinken kannst.

Nimm einfach wahr, wie es sich dort anfühlt. Wandere dann weiter über deinen rechten Arm in deine rechte Handinnenfläche. Drehe deine Hand so, dass sie nach oben zeigt, damit du gut spüren kannst, wie sich dieser Bereich jetzt anfühlt. Und nun bitte darum, dass sich in deiner Handinnenfläche eine Flamme bildet – angenehm warm, jedoch nicht zu heiß. Rufe die Energie der Violetten Flamme ganz bewusst an.

Dazu brauchst du nicht zu wissen, woher sie kommt, sie wird einfach durch deinen Willen erscheinen. Die Violette Flamme der Transformation wurde uns von Meister Saint Germain geschenkt und hilft uns, alte Glaubensmuster, Gelübde und Fremdenergien aus unserem Körper zu entfernen. Schaue oder fühle, wie die Flamme in deiner rechten Handinnenfläche beginnt, sich nach und nach aufzubauen und stabil zu werden. Durchdrungen von der Energie des Meisters Saint Germain, umgeben von den Erzengelkräften und begleitet von den Energien der Umwandlung und Erneuerung.

Führe deine Hand nun zu deinem Herzen hin, und lasse die Violette Flamme sich mit deinem Herzen verbinden. Lasse sie ganz darin eintauchen, und fühle, wie sie immer größer und kraftvoller wird. Lasse deine Hand entspannt sinken. Die Flamme beginnt, in deinem Herzen zu pulsieren und sich durch jeden deiner Ausatemzüge immer weiter auszudehnen.

(Atme hier etwas lauter, und lasse dir Zeit.)

Bitte dein Unterbewusstsein, dir ein Bild, ein Gefühl oder eine Emotion zu zeigen, das bzw. die der Heilung bedarf … Womöglich hast du auch ein körperliches Anliegen, das dir bewusst ist. Lasse all das jetzt in diesem Moment auftauchen. Erinnerungen, verletzende Worte, Blicke und Taten. Alles hat jetzt seinen Platz in dir und darf da sein.

Die Flamme erreicht nun nach und nach immer mehr Größe und wächst über deinen Körper hinaus. Gib alles an dieses Feuer ab, und höre einmal genau hin, wie es knistert und wie deine Themen dank des Feuers gehen dürfen. Rauch kann aufsteigen, und du spürst, wie all das von dir genommen wird, was jetzt nicht mehr wichtig ist. Atme nun noch kraftvoller aus, um diesen Prozess zu unterstützen.

Diese Flamme wandelt all diese Dinge um und transformiert sie in ihre höchste, ursprünglichste Form. Aus Mangel wird Fülle, aus Angst wird Liebe, und aus Minderwertigkeit wird Lebendigkeit. Denn es gibt keinerlei Trennung.

Lasse dir Zeit, all das verbrennen und wandeln zu lassen, was sich zeigt, was aufsteigen möchte, ohne gedanklich daran haften zu bleiben. Lasse es los. Falls dein Körper zuckt, sich in irgendeiner Form bewegen möchte, lasse es zu.

Nun öffne dich für die Farbe Gold. Goldene Farbe regnet in feinsten Partikeln auf dich herab und vermischt sich mit der Violetten Flamme, die weiterhin in dir wirkt. Im Gold sind all die transformierten Themen. Gold bringt Leichtigkeit und Freude in dein System. Nimm es ganz auf, atme es ein. Aus den Erfahrungen der Vergangenheit wird Weisheit. Nimm dich in der goldvioletten Flamme wahr. Und nun rufe, wenn du willst, zusätzlich eine dritte Farbe hinzu: Silber. Silber ist die Farbe der Gnade, die jetzt wirken darf, die dich mit allem verbindet, was ist, und Fügung und Führung in dir verankert. Du bist inmitten der gold-silber-violetten Energie – der fünfdimensionalen Flamme der Wandlung und Transformation.

Du spürst Reinheit, du spürst Klarheit, und du spürst Fülle in all ihren Formen, während dich dein Atem sanft begleitet und deine Bauchdecke ruhig hebt und senkt. Du spürst dich in deiner Gesamtheit. Stille, Frieden und Liebe sind vollkommen präsent und strahlen in dir und aus dir hinaus.

Nimm deinen Körper jetzt wieder stärker wahr. Spüre, wie dein Körper die Unterlage berührt und wie die Flamme weiterhin wirkt und dich in ihr Licht hüllt. Nimm wahr, wie sich dein Atem vertieft – Atemzug um Atemzug – und du dich bedanken kannst für dieses besondere Geschenk, jenes Geschenk, das du dir selbst immer wieder und zu jeder Zeit machen darfst.

Erlaube nun, dass die Flamme immer kleiner wird, dass sie sich in dein Herz zurückzieht und dort weiterbrennen darf.

Atme dich nun zurück in diesen Raum. Komme an, bewege Hände und Füße. Spüre selbst, wann es Zeit ist, deine Augen zu öffnen und mit klarem Blick die Welt zu sehen.

Die Verbindung zur Göttin Tara

WIRKUNG & ZIEL:
Du tauchst in die stille Präsenz der Göttin Tara ein. Mitgefühl und Zartheit breiten sich aus. Diese Meditation hilft dir, in den Tempelgarten von Tara einzutauchen und zu erleben, zu welcher Herzensgüte du selbst fähig bist.

Meditation

Werde innerlich still, und atme ruhig ein und aus. Nimm deinen Körper wahr, wie er hier sitzt oder liegt und tiefer in die Unterlage zu sinken scheint, während dein Atem ein- und ausströmt. Du merkst, wie dich eine große Kraft immer tiefer in deine innerste Welt hineinzieht. Sehr klar, sehr angenehm und sehr machtvoll wirst du hineingezogen in den unendlichen Ozean deiner tiefsten Empfindungen, der dir einen Überblick über dein ganzes Sein gibt. In dieser Tiefe formen sich all deine Werte, deine Erinnerungen und Gaben – sie alle sind hier präsent, und du atmest sanft und tief. Du gelangst mehr und mehr in eine absolute Tiefe, in der du entspannen und alles, was war und was sein wird, vollkommen loslassen kannst. Du bist vollkommen präsent in diesem Augenblick … frei von Gedanken, die an dir vorbeiziehen. Still.

Diese Präsenz zeigt sich dir in Form einer großen Spirale, die weder nach unten noch nach oben führt. Sie verläuft in einer Ebene und wird in ihrer Mitte immer schmaler. Fast so, als befändest du dich inmitten eines großen Mandalas und würdest in sein kraftvolles Zentrum hineingezogen. Lasse dich mitnehmen auf diesem Weg in die Mitte, die eine enorme Energie ausstrahlt. Sanft und bestimmt wirst du vom Mittelpunkt des Mandalas angezogen, das in leuchtenden Farben erscheinen kann, das dir Erinnerungen deines bisherigen Lebenswegs aufzeigt, je mehr du angezogen wirst. Nimm die Erinnerungen wahr, doch lasse diese einfach an dir vorbeiziehen, ohne an ihnen haften zu bleiben.

Diese Spirale, die dich immer mehr in deine eigene Mitte führen will, ist dein Lebensweg. Und du spürst hier ganz genau, wie einfach – oder vielleicht auch wie schwer – es gehen kann. Du lässt dich vollkommen treiben, du lässt dich vollkommen frei, während weitere Erinnerungen, Erfahrungen, Themen an dir vorbeiziehen und du immer deutlicher erkennst, dass diese nichts mit deiner eigenen Mitte zu tun haben, dass sie lediglich Ablenkungen und Illusionen auf deinem Weg sind. Du erkennst in diesem Moment, dass sie dir gedient haben. Erkenne sie an.

Wie groß deine Lebensspirale auch sein mag, sie scheint dich fast unendlich tiefer zu führen. Lasse dir Zeit, um in diesem Strudel zu treiben.

Du gelangst immer tiefer in die Mitte deines Seins und spürst, wie deine Anhaftungen an Leid und Schmerz an dir vorbeiziehen. Du spürst, dass du alle Dramen hinter dir lassen kannst und dass du immer freier wirst, weil du all dein Gepäck auf der Spirale hinterlässt, um schließlich in die goldene Mitte deines wahren Selbst einzutauchen.

Du bist angekommen. Du schwebst in einem Raum unbegrenzter Leichtigkeit, du bist umgeben von goldener Energie, die dich und dein Innerstes ausfüllt. Gib dich diesem heilenden Gold ganz hin – einem unendlichen Raum der Kraft. Spüre, wie dein Körper diese Kraft aufnimmt und heilt, was der Heilung bedarf. Fühle, wie das Gold all deine Themen und Erinnerungen in heilenden Segen verwandelt und sie durchlichtet. Mit jedem Atemzug spürst du, wie du leichter und leichter und leichter wirst und wie du loslassen und heilenden Segen aufnehmen kannst.

Spüre, wie jetzt oder gleich das Gold um dich herum langsam auf den Boden hinabsinkt, auf dem du stehst. Du spürst diesen Boden nun sehr deutlich unter dir und blickst auf, um zu erkennen, dass du dich inmitten eines offenen Tempelgartens befindest. Dich umweht ein feiner und zarter Duft wunderschöner Blüten, die von Bäumen und Blumen hinabregnen, die hier wachsen. Der Garten ist von Tempelanlagen umgeben, die in ihrer Schönheit dem Garten gleichen.

Du entdeckst ein Plateau, das dich einlädt, dich daraufzustellen und dich in deiner eigenen Energie ganz präsent zu fühlen – an einem Ort der Kraft, der dich ganz in sich aufnimmt und dich spüren lässt, was ist.

Du kannst die Energie der Sonne fühlen, die Magie dieses heiligen Moments. Und du siehst, wie sich vor dir eine Tür dieser Tempelanlage öffnet, eine Frau heraustritt und langsam auf dich zukommt. Sie ist voller Güte, strahlend schön und anmutig. Sie verkörpert die reine Liebe zu allem, was ist. Dies ist die Göttin Tara, die dir ihren heiligen Segen übergeben möchte. Schaue sie dir an, nimm wahr, wie du sie empfindest. Atme … Sie nimmt deine Hände in ihre und lässt ihren gütigen Segen in dich hereinfließen, all ihr Mitgefühl und ihr Licht.

Stille breitet sich in dir aus. Segen über Segen.

Erlaube dir, dich vollkommen von ihrer Energie und Zartheit berühren zu lassen.

Bilder und Erinnerungen deines Lebens können mit der Kraft des Mitgefühls auf sanfte Weise in Ausgleich kommen, denn Mitgefühl hat die Kraft, zu verbinden und vollkommene Liebe fließen zu lassen. Lasse dies zu, wenn du bereit bist, diese Liebe und Güte vollkommen in dir zu verankern.

Du leidest nicht mehr mit anderen mit, sondern du fühlst mit. Du kritisierst dich nicht mehr, sondern du weißt um deine innere Schönheit, die sich in Form von Annahme zeigt. Du gehst durch all deine Ängste, um Vertrauen in dir zu kultivieren und zu wissen, dass Liebe an höchster Stelle steht. Du erfährst Einheit, wenn du mitfühlst, da du aus der höchsten Kraft zu handeln vermagst.

Lasse die Erscheinung von Tara allmählich verblassen. Spüre, wie du auf dem Plateau stehst, umgeben und umhüllt von vibrierender Liebe und Mitgefühl, und wie sich unter dir eine riesige Lotosblume zeigt, die sich langsam schließt und dich ganz in sich einhüllt, immer mehr.

Komme zum Ausgangspunkt dieser Reise zurück. Spüre deine Präsenz und all den Segen, spüre, wie du atmend hier sitzt und nach und nach in diesen Raum zurückkehrst. Erfüllt von Mitgefühl. Von Liebe. Von Einheit.

Inner Light

WIRKUNG & ZIEL:
Das innere Licht zu fühlen, es als inneren Führer wahrzunehmen, ist einer der schönsten inneren Wege. Diese Innenweltreise ist voller Engelenergien und wirkt sehr aktivierend.

Meditation

Ich lade dich ein, gut bei dir anzukommen … deinen Atem zu spüren, ohne ihn zu verändern. Werde innerlich still, atme Ruhe und Gelassenheit in jede Zelle deines Körpers. Gehe in die offene Wahrnehmung, in jene Wahrnehmung, in der die Welten miteinander verschmelzen. Atme ein und aus … ein und aus … und sinke mit jedem Atemzug tiefer und tiefer in dein Innerstes. Erlaube dir dabei, den goldenen Faden wahrzunehmen, der durch deinen Körper läuft und dich mit Mutter Erde und dem Kosmos verbindet.

Aus dem Kosmos regnet goldener Glanz auf dich herab und umspült und umhüllt deinen Körper. Es ist der goldene Glanz von Erzengel Metatron, der dich auf dieser Reise begleitet.

Metatron bittet dich, dir deines Körpers voll und ganz bewusst zu werden und nach innen zu schauen, deinen Körper von innen heraus wahrzunehmen. Wie fühlt sich dein Körper an, wenn du ihn von innen heraus wahrnimmst? Bist du mit deinem Bewusstsein ganz in deinem Körper verankert oder außerhalb des Körpers?

Metatron bittet dich, den goldenen Glanz auch in deinem Körper wahrzunehmen und Bewusstsein in alle Zellen, Chakras und Organe zu senden, um deine Schwingung optimal anzupassen.

Du bemerkst, wie sich deine Chakras optimal ausrichten und ausbalancieren, Chakra für Chakra, wie deine Zellen zu vibrieren beginnen. Erzengel Metatron legt seine Hände auf deinen Hinterkopf und lässt heilende, öffnende Energien in dein Stammhirn fließen. Dein Energiefeld beginnt, sich zu weiten, dein Bewusstsein dehnt sich weit aus, und du spürst die Führung und Begleitung vieler Lichtwesen in diesem Öffnungsprozess. Vertraue, und lasse geschehen.

Metatron bittet dich nun, mit deiner Aufmerksamkeit in dein Herz zu gehen und dich in deinen Herzenstempel führen zu lassen. Lasse das Bild dieses Tempels langsam in dir aufsteigen, während du der sanften Melodie dieses Ortes lauschst. Ein wunderschöner Tempel zeigt sich dir. Du kennst ihn bereits. Es ist dein Herzenstempel. Du bewegst dich auf diesen Tempel zu, betrittst ihn und atmest dich sanft in diesen sphärischen Tempel hinein. In ihm befindet sich ein Wasserbecken, das dich einlädt, dich zu reinigen und zu klären.

Und so darfst du nun deine Kleidung ablegen, dich in das Becken begeben, das einen wunderschönen violetten Glanz hat. Du begibst dich hinein, tauchst vollkommen ein, nimmst wahr, wie alles in dir geklärt wird in diesem Becken der Transformation. Genieße. Tauche ab, und bade in diesem erfrischenden violetten Wasser. Bade und tanze darin. Fühle, wie es leicht wird. Dein Körper, deine Aura, deine Chakras werden noch einmal sanft transformiert.

Erzengel Metatron wartet am Beckenrand mit frischer Kleidung auf dich. Du steigst aus dem Wasser und spürst nach.

Während du die frische Kleidung anziehst, fühlst du dich erleichtert, geklärt und voller Vertrauen.

Metatron begleitet dich in die Mitte des Tempels. Dort erwartet dich ein Feuer, das in allen Farben schillert und eine anmutige Schönheit ausstrahlt. Besonders die Farben Gold und Türkis funkeln und tanzen in diesem Feuer. Metatron erklärt dir: »Dieses Feuer wurde in einem jeden Herzen entzündet, ein Feuer, das lodert, um die neue Energie, die Energie der 5. Dimension zu entzünden. Es beinhaltet die Mahatma- und Christusenergien, die deine DNA neu ausrichten. Wir fühlen uns geehrt, dir dieses Geschenk zu machen, und stehen dir liebevoll zur Seite.«

Du spürst, dass dich dieses Feuer magisch anzieht … Dieses Feuer der neuen Energie ist nicht heiß, sondern sanft wärmend und sehr angenehm. Du stehst mitten in diesem lodernden Feuer, und in diesem Moment füllt sich dein Herzenstempel mit Engeln, Meistern, deinen kosmischen Lichteltern und deinen Ahnen, die dich alle begleiten … Und du spürst die Erhabenheit und Magie dieses Moments.

Während sich alle Lichtwesen um das Feuer versammelt haben und sich die Hände reichen, fühlst du in dich hinein und nimmst wahr, wie das Feuer beginnt, in dir zu wirken. Erst sehr fein und sehr sanft und dann immer stärker wird die Kraft des Feuers für dich spürbar.

Kraftvoll und vibrierend beginnt etwas in dir, sich zu verändern – du kannst es spüren. Du spürst, wie jede Schicht deiner DNA aktiviert wird, wie dein gesamtes energetisches System auf die neue Energie eingestimmt wird. All deine Leben strömen in dein Bewusstsein, all die Aufzeichnungen der kosmischen Datenbank, der sogenannten Akasha-Chronik werden aktiviert und sind abrufbar, all deine Fähigkeiten, deine Gaben werden durch die Aktivierung der DNA in dein persönliches Feld geholt. Und du nimmst wahr, wie all die Lichtwesen um dich herum beginnen, ein uraltes heiliges Mantra zu singen, um die Energie noch einmal zu verstärken. Genieße diesen Moment, den Moment der Integration und Erweckung. Du bemerkst, wie sich dein Kanal nach oben hin weitet und stabilisiert.

Du spürst, dass es Zeit ist, aus diesem heiligen Feuer der neuen Energie auszusteigen, wahrzunehmen, wie sich deine Energie nun anfühlt.

Du schaust in die Runde der Aufgestiegenen Meister, Engel und Lichtwesen. Auch dein Schutzengel ist anwesend und kommt auf dich zu, um eine besondere Herzensverbindung zu dir herzustellen … Falls du den Namen deines Schutzengels noch nicht kennst, wird er ihn dir gern mitteilen … Lausche einfach, lasse die Frage los, und bleibe offen … Nimm den ersten Namen, der in dein Bewusstsein kommt, und zweifle nicht daran. Auch wenn sich der Name vielleicht weltlich anhört, ist dies der Schwingungsname deines Schutzengels.

Und so bittet dich dein Schutzengel, wenn du dich unsicher fühlst, wenn du dich von deiner inneren Stimme abgeschnitten fühlst, seinen Namen jederzeit leise oder laut auszusprechen. Er sagt: »Du kannst immer nach mir rufen, und zensiere deine Worte nicht. Sprich mit mir, als sei ich dein Freund und Begleiter und kein überirdisches Wesen, das angebetet werden muss … Wir Engel senden dir Zeichen, Zeichen der Liebe und Begegnungen. Sei offen für Wunder.«

Dein Schutzengel schaut dich liebevoll an, berührt deine Schulter und fragt dich in einer geistigen, stillen Form, ob du nun bereit bist, deiner Überseele zu begegnen. Und so spüre bitte jetzt in dich hinein, und warte auf die Antwort aus deinem Innersten.

Lasse einfach geschehen, was jetzt geschehen will.

(ca. 2–3 Minuten Pause)

Ganz langsam wirst du zusammen mit der Energie deines Schutzengels hier in den Raum kommen. Spüren. Wahrnehmen …

Channeling-Meditation (Partnerübung)

WIRKUNG & ZIEL:
Diese geführte Übung ermöglicht es, Botschaften aus der geistigen beziehungsweise seelischen Ebene zu empfangen. Dazu braucht es zwei Partner, die einander gegenübersitzen.

Meditation

Setzt euch einander gegenüber. Schaut euch in die Augen, und lasst euren Atem sanft fließen.

Geht dabei in euer Herz, und fühlt die Gegend um euer Herz, die Wärme und Liebe, die in euch vorhanden sind.

(Kurze Pause)

Du kommst ganz bei dir an und sinkst tiefer in deine innere Ruhe und Kraft. Du atmest sanft, fließend und klar und bemerkst dabei, wie du mehr und mehr loslassen und völlig entspannen kannst – während du deinem Partner weiter in die Augen schaust.

Du bemerkst: Du und dein Partner, ihr seid eins. Und je länger du deinem Gegenüber in die Augen schaust, desto tiefer kannst du entspannen und desto mehr gleicht sich deine Atmung an die deines Partners an.

Vielleicht kannst du jetzt die Stille in dir und in deinem Gegenüber wahrnehmen. Aus dieser Stille heraus kannst du nun dein Höheres Selbst, deine Seele oder eine höhere Instanz darum bitten, Kontakt mit dem Licht deines Partners aufzunehmen.

Womöglich bemerkst du, wie dein Blick verschwommen wird und sich nach innen richtet, wie sich deine innere Wahrnehmung nun öffnet und du in einen Zustand völliger Klarheit und Bewusstheit gleitest. Während du weiterhin deinem Partner in die Augen schaust, kannst du vielleicht wahrnehmen, wie sich Energieströme zeigen, Farben oder auch Gefühle. Vertraue.

Höhere Wesen, Engel, Seelenkräfte und viele weitere Energien zeigen sich oft als Lichtpunkte oder lassen ganz plötzlich ein Gefühl in dir entstehen. Lasse ganz los, und vertraue, während deine Augen nun immer schwerer werden und sich schließen.

Noch immer auf dein Gegenüber fokussiert, kannst du nun lauschen, wahrnehmen und eine Botschaft empfangen, die für deinen Partner wichtig ist.

Mache dir bewusst, dass nicht du es bist, der die Botschaft formt, sondern dass das Höhere Selbst deines Gegenübers sie durch dich vermittelt. Sie muss für dich keinen Sinn machen und sollte so einfach wie möglich sein. Lasse die Botschaft, die sich vielleicht durch Gefühle, innere Bilder oder inneres Wissen formt, einfach fließen. Teile sie mit.

Lasse die Botschaft kommen, durch welchen Kanal auch immer. Ob in Form eines Bildes, eines Geschmacks oder einer Stimme. Vertraue, und teile einfach mit, was du mitteilen möchtest.

(Pause. Wenn du die Meditation leitest, lasse den Teilnehmern Raum, die Botschaften mitzuteilen. Sei behilflich, wenn gewünscht.)

Atme nun sanft ein und aus. Schließe für einen kurzen Augenblick die Augen.

Und komme in deinem eigenen Tempo wieder zurück zu dir selbst, in deinen Körper. Wenn du magst, sage der Geistigen Welt leise Danke, während du die Augen sanft öffnest.

»Unsere Sehnsüchte sind
unsere Möglichkeiten.«
(Robert Browning)

Ergründe deine Sehnsucht

WIRKUNG & ZIEL:
Mit dieser inneren Reise ergründest du deine Sehnsüchte und tiefsten Herzenswünsche. Sie sind der Fahrplan zu Glück, Liebe und tiefem inneren Frieden. Gib dir im Anschluss genügend Zeit, um das Erlebte zu verarbeiten. Allein durch das Bewusstwerden kann sich ein tiefer Wandel einstellen.

Meditation

Finde eine bequeme Sitzposition, und lasse deinen Körper ganz tief fallen – in dem Vertrauen, dass die Erde dich in diesem Moment tragen wird. Lasse dich immer tiefer und tiefer in diesen Augenblick sinken.

Nimm wahr, wie all das Licht, das sich in deinem Herzen zentriert, nun auch deinen ganzen Körper erhellt. Es strahlt so hell, dass sich eine angenehme Wärme von deinem Herzen aus ausbreitet. Diese lichtvolle Wärme schenkt dir Raum, dein Innerstes so wahrzunehmen, wie es wirklich ist. Alle Filter, alle Muster und alles, was dich hindert, dir wahrhaftig selbst zu begegnen, können augenblicklich in den Schoß dieser Wärme fallen und sich in Licht wandeln.

Auch wenn du deine Augen geschlossen hast, so kannst du vielleicht dieses Licht sehen. Dieses Licht erinnert dich an deine ureigene Herkunft – es ist ein Licht, dem du in diesem Augenblick vollkommen vertrauen darfst. Folge ihm einfach, und schaue, wohin es dich führt.

Vielleicht führt es dich an einen Ort mitten in dir selbst. In dein Herz vielleicht. Einen Ort, der dich mit frischer und belebender Energie versorgt.

Hier ist alles von Liebe durchdrungen, und Liebe drückt sich in allem aus, was an diesem Ort wächst und gedeiht. Sie pulsiert in der Luft und allen anderen Elementen. Schaue dich genau um, und erlebe das Schauspiel der Liebe um dich herum und in dir. Eine Liebe, die vollkommen frei von Bedingungen ist. Freude, Frieden und Hingabe sind ihre Begleiter. Nimm einfach wahr, wie du jetzt im Licht dieser pulsierenden Liebe badest.

In dieser Liebe zu dir, zu dem, was ist und schon immer war, bist du mit deinem Herzen und deiner Seele vollkommen verschmolzen – eins.

Mit dem Herzen verbunden, kannst du nun in Kontakt mit deinem wahren Selbst gehen. Es ist immer mit dir verbunden. Es führt und liebt dich.

Frage dich: Wonach sehnt sich mein Herz? Wohin will mein Herz mich führen?

Atme tief und gleichmäßig …

Wonach sehnt sich mein Herz?

Lasse die Antwort aus jeder Zelle, aus jedem deiner Energiezentren aufsteigen. Lasse deine Seele sich erinnern. Sich tiefer und tiefer erinnern.

(ca. 2–3 Minuten Pause)

… bis sich vollkommene Stille ausbreitet. Erhabener Frieden. Einssein.

SET FÜNF

WIRKEN UND GESCHEHEN LASSEN

»Wenn du wahrhaftig nach mir Ausschau hältst,
wirst du mich sofort sehen – du wirst mich
im winzigen Haus der Zeit finden.«

(Kabir)

Friedensmeditation

WIRKUNG & ZIEL:
Wann immer es in der Welt oder in uns zu Unfrieden kommt, können wir diese Innenweltreise anwenden. Wir erfahren ein Gefühl von Verbundenheit mit dem gesamten Planeten.

Meditation

Um erst einmal gut bei dir anzukommen, mache es dir so bequem wie möglich. Beobachte deinen Körper, wie er hier sitzt oder liegt, und spüre den Boden unter dir. Vertraue dich ganz diesem Moment an. Erlaube dir, dich vollkommen zu entspannen und alles loszulassen, was dich jetzt noch beschäftigt. Alles, was gewesen ist und sein wird, darf jetzt gehen und Raum schaffen für das, was sich im gegenwärtigen Moment in dir abspielt. Spüre, wie sich dein Atem nach und nach vertieft und wie sich dabei deine Brust und deine Bauchdecke sanft heben und senken. Spüre, wie du mehr und mehr bei dir selbst ankommst und sich Ruhe in deinem Körper und deinen Gedanken ausbreitet.

(ca. 1 Minute Stille)

Behalte diesen tiefen und entspannten Atem bei, der dich immer mehr zu dir selbst kommen lässt, während du dich nun mit dem energetischen Feld unserer Erde verbinden darfst. Verbinden darfst mit allem, was ist. Mit allen Menschen rund um den Globus, mit jedem Tier, jedem Stein und allen Elementen, die dich und alles beleben. Begib dich hinein in jenes Feld, das dir erlaubt, eine Welt zu kreieren, die durchdrungen ist von Frieden und universeller Liebe. Eine Welt, in der es uns allen erlaubt ist, unsere wahre Natur zu leben, und die uns angebunden sein lässt an unsere Gefühle und Empfindungen. Wenn wir diese Welt zum Ausdruck bringen, unser Dasein auf Liebe ausrichten, wird sich die Welt um uns herum verändern. Wir werden im Einklang mit der Natur und ihren Gesetzen leben können.

Lasse dich in dein Herz führen, und atme dich ganz hinein, um zu spüren, wie sich die Mitte deiner Brust weitet, klärt und in ein harmonisches Feld eingeschwungen wird, in dem du die Einheit mit allem spüren kannst. Erlaube dir auch, wahrzunehmen, was dich womöglich noch davon abhält, diese Herzenskraft in dir vollkommen anzunehmen und zu spüren. Lasse alles da sein, was sich dir jetzt zeigt, und bleibe einfach in deiner eigenen Herzensschwingung präsent. Dein Herz heilt alle Wunden, und alles, was noch nicht in der Liebe zu dir und deinem Gegenüber, der Welt oder Gott ist, wird nun von deiner Liebe durchdrungen.

Spüre einfach, wie es sich anfühlt, in der universellen Liebe zu sein. Wenn du möchtest, dehne deine Liebe weiter aus, indem du einfach dein Herz öffnest und deine Liebe verströmst.

Immer weiter und weiter. Jede Grenze darf sich auflösen durch deine Liebe zum Leben, zu dir und zu allem, was ist. Erlaube dir, dich weiter zu öffnen und dich auszudehnen. Bis diese Weite allmählich den gesamten Globus erreicht und du diese Verbundenheit zu allem, was ist, wahrnehmen kannst. Du gibst dich vollkommen hin und nimmst wahr. Du atmest sanft und tief weiter, dehnst deine Liebe immer weiter aus. In jeden Winkel, jeden Menschen, jedes Tier und die ganze Natur hinein. Bis du die kleinsten Atome erreichst mit deiner liebenden Kraft, die jenseits von Bedingungen ist. Bis du jenen Raum erreichst, in dem alles möglich ist. Du schwingst in dieser friedvollen Kraft mit Millionen anderer Menschen. Du befindest dich in einem Feld der Liebe, des Segens und des Friedens. Gib dir die Erlaubnis, eine Welt zu visualisieren oder zu erfühlen, in der sich alle Menschen die Hand reichen, statt sich zu bekämpfen. Eine Welt, in der alle Menschen in Wohlstand leben und ein friedvolles Miteinander besteht. Eine Welt, in der jeder Mensch das Recht hat, glücklich zu sein und seine Talente und Begabungen zu entfalten. Eine Welt, in der wir die Natur und die Tiere ehren, in der die Menschen an eine höhere Kraft glauben, die sie führt und lenkt.

Was bedeutet für dich Frieden? Was heißt es für dich, wenn wir alle im Frieden sind? Lasse dieses Bild, Gefühl oder das Bewusstsein davon in das Feld hineinfließen, das uns alle, die gesamte Erde, umgibt. Nähre es mit Frieden, Liebe und Fülle. Für dich, für mich, für uns alle. Und genieße dich, atmend, liebend und vollkommen im Frieden mit dir und der Welt.

(Stille)

Nimm diesen Frieden wahr. Diese einzigartige Fülle, die sich dadurch in dir und der Welt ausbreitet.

Nimm dich selbst wahr, und nimm diesen Frieden mit in deinen Körper, der hier sitzt oder liegt – atmend – und einfach ist.

Du kommst an und öffnest deine Augen.

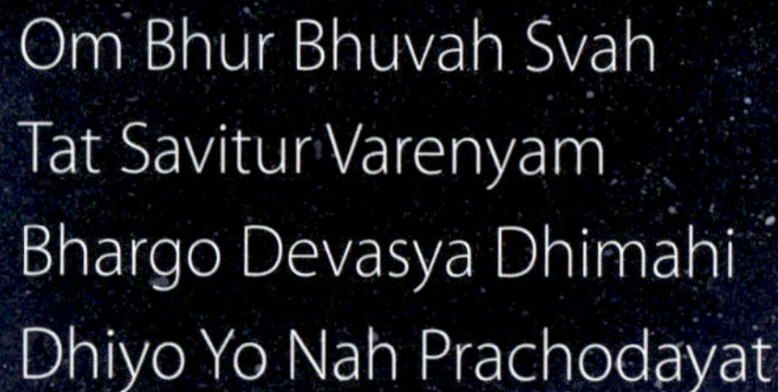

Om Bhur Bhuvah Svah
Tat Savitur Varenyam
Bhargo Devasya Dhimahi
Dhiyo Yo Nah Prachodayat

Möge die äußere Welt,
die Welt meiner Sinne, gereinigt werden.
Möge die feinstoffliche Welt,
die Welt meiner Seele, gereinigt werden.
Gepriesen seist du herrlicher Geist,
der du im Inneren erstrahlst
und alle Welten mit deinem Glanz erfüllst.
Lasse mich über dein göttliches Licht meditieren
und mein begrenztes Bewusstsein ausdehnen,
bis es eins wird mit dir, du große Sonne
von unendlicher Herrlichkeit.

(Gayatri-Mantra)

Licht, Licht, Licht

WIRKUNG & ZIEL:
Diese Reise findet idealerweise im Sitzen statt. Sie bewirkt ein tiefe innere Klärung und gibt uns viel Licht (Prana). Ein Besuch im Garten Eden – dem unendlichen Licht der Welt – gibt uns eine neue Ausrichtung und Kraft.

Meditation

Nimm einen tiefen Atemzug, und beginne, dich selbst wahrzunehmen und anzukommen in diesem Moment. Kreiere mithilfe deines Atems eine heilige und heilende Umgebung in dir und innerhalb deiner Aura. Jeder Atemzug führt dich in eine entspannte und wohlwollende Haltung zu dir selbst. Dein Nacken und deine Schultern sind ganz weich, ebenso deine Wirbelsäule, die gerade und aufrecht ist. Deine Arme hängen ganz locker, und dein Kinn senkt sich ganz minimal Richtung Brustbein.

Während du einatmest, bist du dir deiner Atmung bewusst. Während du ausatmest, bist du dir deiner Atmung bewusst.

Du nimmst wahr, wie dein Atem durch deine Nase in deinen Bauch strömt und den gleichen Weg wieder hinaus in die äußere Welt findet – loslassend.

Du entspannst tiefer – nimmst deinen Körper und diesen einzigartigen und kostbaren Moment wahr. Ein Lächeln steigt in dir auf, tief aus deinem Inneren, dem inneren Seelen- und Schöpfungsraum in dir. Lasse zu, dass dieses Lächeln deinen ganzen Körper erreicht. Jedes deiner Organe, jede deiner Zellen. Spüre, wie es sich ausbreitet, immer mehr, in deinem Wesen, in deinem Gesicht und ebenso in jedem Atemzug.

Lasse dich ganz in dieses innere Lächeln fallen. Lasse auch zu, dass dein Lächeln sich in deinem Gesicht zeigt. Ganz sanft und zart. Du musst jetzt nichts weiter tun, außer zu atmen. Eine wohltuende Ruhe breitet sich in dir aus … Ruhe, die dich immer tiefer in dein Seelenleben führt.

Du merkst das daran, dass sich dein Herz ganz weich anfühlt und sich natürlich öffnet. Lasse eine Farbe aus deinem Herzen aufkommen, die dich auf dieser Reise begleiten darf. Hülle dich liebevoll damit ein, um dich ganz in deine Herzensenergie fallen zu lassen.

Von Vater Sonne und Mutter Erde aus strömen nun feine und zarte Lichtwellen zu dir, die dich ganz auf dich selbst ausrichten. Sie schenken dir strahlende und frische Lebensenergie. Von Mutter Erde strömt kraftvolle und reinigende Energie durch deinen Körper herauf und durch deine Chakras und Lichtbahnen hindurch. Von Vater Sonne strömt goldenes Licht direkt auf dich herab und versorgt deine Lichtbahnen, deine Chakras und Energiekanäle mit Weisheit und Fülle. Du kannst vielleicht spüren, wie dadurch, dass du verbunden bist, dein eigenes Licht zunimmt und an Strahlkraft gewinnt.

Du badest ganz in deinem Licht. Und dieses Licht verteilt sich vollständig in all deinen Organen, Zellen, Knochen und feinstofflichen Körpern. Und du atmest in der Schwingung der Liebe und des Lichts, genießt und lässt geschehen. Dieses heilsame Licht führt dich auf eine innere Reise durch Raum und Zeit.

Vor deinem inneren Auge wird sich jetzt oder gleich ein Ort zeigen, der von unendlicher Schönheit ist. Von Präsenz und Strahlkraft. Ein Garten Eden inmitten deines Herzens formt sich, und du kannst ihn jetzt betreten – dich ganz hineinfühlen in diesen Ort. Ein Hafen, in dem sich deine Seele ausruhen und sich selbst energetisieren kann. Schaue dich genau um. Erspüre, sieh, rieche und schmecke diesen heiligen und magischen Ort. Erfühle seine Schönheit. Erfühle seine göttliche Präsenz. Seine tiefe Stille und seine Kraft.

Während dein Atem weiterhin sanft und ruhig fließen kann und sich das Licht noch immer sanft in dir bewegt, kannst du vollständig an diesem Ort ankommen und die hoch schwingende Atmosphäre dieses Ortes genießen. Das Plätschern des Wassers, das Zwitschern der exotischen Vögel, den Geruch von prachtvollen Blumen – und wie dich der zarte Windhauch umweht.

Willkommen im Garten Eden – dem unendlichen Licht der Welt. Ein Ort, der im Herzen eines jeden Menschen existiert – deine wahre Heimat, das Zuhause deiner Seele.

Schaue dich um, und lasse all die Eindrücke wirken.

Suche dir einen Platz, an dem du dich niederlassen kannst. Vielleicht einen Stein, einen Holzstamm oder einfach eine grüne Moosfläche. Setze dich aufrecht hin, und lenke deine Aufmerksamkeit auf deinen Körper, wie er den Untergrund hier im Garten Eden berührt und wie du ganz eingehüllt bist in dieses kraftvolle Feld.

Nimm ganz bewusst Kontakt zu diesem Ort auf, indem du, wenn du magst, die Lichtwesen und Devas dieses Ortes zu dir rufst. Womöglich magst du auch einen ganz bestimmten Engel, deinen Schutzengel oder einen Aufgestiegenen Meister zu dir rufen, in dessen Energiefeld du dich ganz hineinbegeben darfst.

Und du spürst, wie die Pflanzenwelt beginnt, sich ihren Weg zu dir zu bahnen. Wie sich wunderschöne Pflanzen aus dem Boden bewegen und dich sanft umschmeicheln, an dir hinaufwachsen und dich mit diesem Ort verbinden. Diese Pflanzen schenken dir ihre Energie und Lebenskraft, indem sie sich um dich herumschlängeln und dich eintauchen lassen in eine sehr hoch schwingende Energie von Licht. Pflanzen brauchen das Licht, um zu wachsen, und auch du, deine Seele, braucht unendlich viel Licht, damit sie sich entwickeln kann. Damit du in deine eigene Größe hineinwachsen darfst.

Ein Segens- und Heilstrom fließt aus der Pflanzenwelt und der Heimat der Lichtwesen zu dir und schenkt dir alles, was du brauchst, um deinen eigenen Weg zu gehen. Deinen Weg zu finden und zu leben. Es sind Vertrauen, Mut, Führung, universelle Liebe und geistige Klarheit, die dein Leben erfüllen und dich immer wieder erkennen lassen, wozu du auf dieser Erde bist.

Du bemerkst, dass auch dein Engel oder Aufgestiegener Meister dir behilflich ist und von nun an dein inneres Licht, dein Leuchten stabil halten wird. Du brauchst nur darum zu wissen und ihm zu danken. Und es strömt weiterhin kraftvolles, pulsierendes Licht in alle Bereiche deines Lebens. Tiefer und tiefer … mehr und mehr … Du strahlst. Du bist erfüllt. Du bist Licht. Ich bin Licht. Wir alle sind Licht. Nimm erneut einen bewussten Atemzug, der deinen Fokus auf dein eigenes Leben lenkt. Es könnte nun eine Leinwand auftauchen, oder du könntest dich aus der Vogelperspektive erkennen … Was auch immer dir hilft, dich aus einer anderen Sicht zu betrachten, lasse dies jetzt geschehen.

Und dann schaue dich um. Schaue dir die letzten Tage, Monate oder auch das gesamte vergangene Jahr an. Was waren deine vorherrschenden Gedanken in der letzten Zeit? Welche dieser Gedanken haben deinen Alltag beeinflusst?

Wie hast du dich gefühlt? Was war dein vorherrschendes Gefühl? Und möchtest du dieses Gefühl dein ganzes Leben lang mit dir tragen, oder würdest du es gern wandeln? Wie viel Zeit hast du dir selbst gegönnt? Wie oft hast du dir und deinem Körper Ruhe geschenkt?

Lasse dir ein wenig Zeit, all das Revue passieren zu lassen und aus einer neuen Sicht zu erkennen, ohne Wertung. Sei liebevoll mit dir selbst, und schaue wie eine andere Person auf dein Leben und dein Verhalten.

Nun nimm dein inneres strahlendes und unendliches Licht wahr, wie es all die Situationen, die du in deinem Geist erkennen kannst, mit Licht erfüllt.

Welche neuen Gedanken werden dein Leben von nun an bestimmen? Wie wirst du mit dir selbst und mit anderen Menschen umgehen? Was verschafft dir mehr Zeit und Ruhe?

Welche Qualitäten wollen sich noch stärker in deinem Sein verankern? Ist es die Fähigkeit, freundlicher mit dir und anderen zu sein – Freude zu empfinden? Möchtest du Begierden und Besitz verringern, um dich freier zu fühlen? Welches Gefühl möchtest du in der nächsten Zeit empfinden?

Lasse dir Zeit, und spüre, wie dein Herz sich noch weiter für diese neuen Möglichkeiten öffnen kann, wie sich dein Licht noch weiter ausbreitet ins Grenzenlose hinein und du dadurch Unmengen an Energie in dir erspüren kannst. Eine Neuordnung findet statt, da du deinen Geist gezielt mit neuen und liebevollen Informationen erfüllst. Ein Segen. Ordnung entsteht.

Dein Innerstes beginnt, sich zu erheben. Mut und Kraft erstrahlen in dir. Vertrauen. Bedingungslose Liebe für das, was ist …

Du siehst dich sitzen, inmitten des Gartens Eden, umgeben von Pflanzen, Lichtwesen, die immer bei dir sind. Du bist in deiner ureigenen Kraft. Liebe verströmt sich über dir. Ganzheit und Freude erfüllen dich. Es ist wie eine Neugeburt – du hast verstanden, dein eigenes Licht leuchten zu lassen.

Erneut taucht eine Farbe in deinem Inneren auf. Eine Farbe, die dich in der kommenden Zeit begleiten wird. Eine Farbe, deren Hüter womöglich ein Lichtwesen, ein Meister oder ein göttlicher Aspekt ist. Atme sie ein. Sei diese Farbe.

Und beginne ganz langsam, dein Licht in die Gegenwart zu transportieren, dadurch, dass du dich hierheratmest, an den Ort, an dem du dich jetzt befindest. Zurück in diesem Raum – ganz sanft und in deinem eigenen Tempo.

Im Zentrum der Liebe Gottes

WIRKUNG & ZIEL:
Diese Meditation klärt deine Chakras und verbindet dich mit Himmel und Erde. Diese innere Reise ist eine Einweihung in eine höhere Frequenz und eignet sich eher für Wochenendseminare oder Menschen, die bereits etwas vertrauter mit dem Inhalt sind. Lasse dir nach dieser Reise viel Zeit!

Meditation

Mache es dir bequem, und finde die für dich passende Sitz- oder Liegeposition. Nimm deinen Atem bewusst wahr, ohne ihn zu verändern. Nimm die rhythmische Bewegung wahr. Du atmest ein, du atmest aus und gelangst allein durch das Bewusstwerden deiner Atemzüge in einen tiefen und entspannten Zustand, der dir erlaubt, ganz bei dir zu sein. Du bist präsent im Augenblick und sinkst mit jedem Ausatmen weiter in deine Innenwelt, in der die Dinge so real sind wie im Außen. Hier ist das, was du träumst und glaubst und was sich dann in der Außenwelt zeigt.

Während du mithilfe deines Atems in immer tiefere Schichten deiner Wahrnehmung eintauchst, spürst du, wie sich deine Energiezentren, deine Chakras, nach und nach ausrichten.

Dein Kronenchakra beginnt, sich zu öffnen, zu zirkulieren, und du bemerkst dies daran, dass der höchste Punkt deines Kopfes angenehm zu kribbeln beginnt. Das höchste weiß-goldene Licht Gottes strömt herein.

Auch dein geistiges Auge zwischen den Augenbrauen, das in Wahrheit dein erstes Auge ist, beginnt, sich zu öffnen. Der violette Sitz deiner Visionen und Träume.

Dein Halschakra erstrahlt in sanftem Blau und aktiviert deine Stimme, deine Gabe.

Und dein Herzchakra in der Mitte deiner Brust beginnt nun, sich wie ein Fenster zu öffnen. Mache es weit auf, gehe tief hinein mit deiner Wahrnehmung, und dehne dein Herzchakra aus. Sanftes Grün erstrahlt aus deinem Herzen und verbindet, was zusammengehört.

Deine innere Sonne, dein Solarplexus etwas oberhalb deines Bauchnabels, beginnt, in strahlendem Gelb-Gold zu leuchten. Genieße, und lasse geschehen.

Auch dein Nabelchakra aktiviert sich, beginnt, in kraftvollem Orange zu funkeln, zieht die kreative Feuerkraft in die Realität und aktiviert deine Leidenschaft. Du brennst in diesem Orange und lässt dies zu.

Deine Wurzeln am Steißbein beginnen, machtvoll zu vibrieren. Es öffnet sich dir die Welt von Gaia, von Mutter Erde. Du bist hier. Du bist da. Du bist.

Du gibst nun der scheinbaren Realität da draußen eine Farbe, und du gibst deiner Innenwelt eine Farbe. Lasse diese beiden Farben sich nun vermischen und tauche durch sie hindurch, bis du an dem Ort ankommst, der dir so vertraut ist. Jenem Ort, der dir Kraft und Sicherheit bietet, den du womöglich sehr gut kennst. Dies ist dein Kraftort in deinem Innern. Du tankst hier Energie, Schutz und Vertrauen.

Wenn du magst, beginne, eine dir wichtige Kraft einzuladen. Die Engel, die Meister der Liebe und der Weisheit oder andere Mächte. Spüre ihre Anwesenheit, nimm sie wahr.

Bitte diese Mächte, dich durch eine Zeitschiene zu schicken, die dich an eine Stelle deiner Inkarnationen führt. Einer Inkarnation, in der du die Einweihung in deine Macht, Kraft und Heilkraft erhieltest. Es ist Zeit, dich und dein System wieder daran zu erinnern. Es ist alles in dir gespeichert, all die Erinnerungen, all das Wissen. Es ist ein uraltes Wissen, das so aktuell wie nie ist für diese goldene Zeit.

Und während du in die Spirale der Zeitschiene eintauchst, nimmst du wahr, wie du geführt wirst, und du bist dir bewusst, dass du nichts weißt – nichts ist wichtig, denn du bist in der Zeitschiene – JETZT. Und gleich wird in dir ein Bild auftauchen, ein Gefühl, ein Geruch oder ein inneres Wissen.

Du bist gelandet. Lasse dir Zeit. Komme erst einmal an. Atme. Schaue an dir hinab, und sieh den Boden, auf dem du stehst, nimm ihn wahr. Schaue dir deine Schuhe, deine Kleidung an. Wer bist du? Wo bist du?

Du befindest dich jetzt oder auch gleich in einer Einweihungsstätte. Sie ist uns allen bekannt. Hier haben wir gelebt, haben einst täglich miterlebt, wie unsere einzigartige Macht und Größe durch das Göttliche geformt wurden.

Wir waren einst Priester, Meister der hohen Kunst oder auch Eingeweihte der alten Traditionen. Wir erhielten den Zugang zu Shambala, jener Stätte der Meister und des kollektiven Feldes des Wissens. Wir erhielten Zugang zur Akasha-Chronik, jener Chronik, die all das aufzeichnet, was ist, war und sein wird.

Du nimmst deine Umgebung genau wahr, all die Weisen und Begleiter dieser Einweihungszeremonie. Du bist eingebettet in ein Energiefeld der Heilung und Kraft, das dich auf die dir innewohnende Heilkraft ausrichtet. Eine Heilkraft, die es dir einst ermöglichte, Heilung zu geben, zu empfangen und vieles mehr.

Was auch immer du wahrnimmst, atme dich in dieses Bild, diese Wahrnehmung ganz hinein. Womöglich liegst du auf einem Kristallbett und erfährst die lichtvolle Energie der Sterne, der Mineralien oder von Gaia. Vielleicht sitzt du vor einem heiligen Feuer, umgeben von schamanischen Meistern, die dich lehrten, wie du die Erdenergien heilst. Oder du befindest dich im Wasser – getauft und durchdrungen von seiner vibrierenden Energie –, das die Informationen lenkt und abgibt. Oder aber du bist in einem anderen Universum, einer anderen Dimension.

Du erinnerst dich. Du weißt es wieder und nimmst diese Erinnerung wieder ganz in dein Zellsystem auf. Du spürst die Anwesenheit der Erzengelkräfte, wie sie dich in diesem Ritus berühren, allen voran Erzengel Raphael, der seine heilenden Hände auf deinen Kopf legt und die Energien strömen lässt. Und du bemerkst dies jetzt auch. Deine Aura dehnt sich aus, und du beginnst, dies körperlich zu spüren. Dein Herz ist offen und weit, und du bist bereit, vollkommen zu empfangen. Du atmest und integrierst alles, was kommt.

All die Informationen aus dieser Inkarnation kannst du jetzt zu dir zurücknehmen. Sie werden dich begleiten – in deinen Träume, deinen Schwärmereien, in den Augenblicken, in denen du diese intuitiven Heilkräfte gebrauchen kannst. Sie sind da, sie waren es immer. Dein System erinnert sich. Es erinnert dich.

Nimm deine Hände einmal wahr – kannst du die Kraft spüren? Wie sie pulsiert? Du hast einst eine spezielle Kraft erhalten, die dich lenkt, die du lenkst. Sie ist dir gegeben worden. Sie ist ein Hauch, der dich durch all deine Inkarnationen begleitet. Du atmest. Du lässt geschehen. Du lässt dich durchfluten von Energien. Die Energien der Urzeit durchströmen dein gesamtes Sein.

Du befindest dich im Zentrum der Liebe Gottes und bist gelandet in der Quelle allen Ursprungs. Hier ist alles weit, klar und voller Liebe. Hier begann einst die Schöpfung. Unendliche Weite. Unendlicher Frieden. Genieße, und lasse dein Innerstes strahlen, während die Energie des Ursprungs in dich hereinströmt. Die Wiege des Lebens. Deine Heimat. Genieße.

Und während du weiterhin atmest und genießt, kannst du erkennen, wie dein persönlicher geistiger Führer auf dich zukommt und dir in die Augen schaut. Dies kann ein Engel sein, ein Meister oder eine andere Energieform aus den höheren Dimensionen. Du spürst, wie er oder sie beginnt, dein energetisches System zu erfüllen, und wie er oder sie dich zu berühren vermag. Ein ganz besonderer Klang ertönt, ein Gefühl macht sich in deinem Körper breit, und du fühlst.

Frage nach seinem oder ihrem Namen, und wenn du magst, frage auch danach, welche Heilkraft dir innewohnt. Wie kannst du damit arbeiten, was ist der nächste Schritt in deinem Leben? Wie lebst du das aus, was deine Seele ausdrücken möchte?

Deine Energie, die so weit und strahlend ist, verdichtet sich allmählich wieder und fließt in deinen Körper zurück. Ganz sanft und in deinem Tempo. Spüre weiterhin die pulsierende Energie in deinen Händen, deinem Körper, und nimm dieses Pulsieren mit.

Es verändert deine energetische Grundschwingung, dein Denken und Fühlen. Sei offen und bereit, diese Macht auszuleben. Dein Atem vertieft sich, du spürst deinen Körper, der hier sitzt, und kommst an im Augenblick. Du atmest und kommst an. Mehr und mehr.

Essenz-Meditation

WIRKUNG & ZIEL:
Für diese Meditation benötigst du ein ätherisches Öl oder ein duftendes Aura- beziehungsweise Chakraspray. Jedes Öl/Spray hat seine eigene Wirkung, und somit kannst du selbst die Wirkung/Eigenschaft in die Meditation einfließen lassen, die du möchtest, wie z. B. Selbstvertrauen, Liebe oder Energie. Es ist immer wieder eine schöne Erfahrung, die Öle/Sprays auf diese Weise zu spüren. Wenn du eine Meditation leitest, sprühe die Teilnehmer/deinen Klienten mit dem Spray ein (3–4 Pumpstöße pro Person). Wenn du allein meditierst, gib 1–2 Tropfen des Öls auf die Handflächen, und beginne mit der Meditation.

Meditation

Nimm einmal den feinen Geruch dieser Essenz wahr – spüre, wie du eingehüllt wirst in die Energie von … *(hier den Duft nennen oder die Eigenschaft)* und wie deine Aura um dich herum beginnt, sich auszudehnen. Lasse dich ganz fallen in diese Energiequalität, und genieße diesen Moment. Nimm wahr, wie du eingehüllt wirst und wie deine Chakras und deine Energie auf optimale Weise ausgerichtet werden. Auch deine Aura und die verschiedenen Energiekörper um dich herum beginnen, sich sanft mit der Energie von … *(hier den Duft nennen oder die Eigenschaft)* zu füllen. Dein Körper und deine Zellen werden mit dieser Energie versorgt, und diese Kraft pulsiert in dir.

Vielleicht bekommst du innere Bilder, fühlst diese Energie oder nimmst einen Geruch oder etwas anderes wahr.

Wie fühlt sich die Energie dieser Essenz an? Wie fühlt sich dein Körper in dieser Energie an? Stark, sanft oder entspannt? Fühlt sich dein Körper kraftvoll an oder beschützt? Vielleicht ist dir diese Energie noch neu, dann lasse einfach geschehen. Spüre in dich hinein, wie du die Energie der Essenz wahrnimmst.

Bitte nun darum, dass dein energetisches Feld in dir und um dich herum von der Energie gereinigt und geklärt wird, lasse dich begleiten von Engeln oder Meistern. Vielleicht ist es auch einfach nur eine Kraft, die dich klärt. Vertraue, und lasse geschehen.

Beobachte oder nimm wahr, wie die Essenz in dir und um dich herum beginnt, zu wirken und zu arbeiten. Möglicherweise spürst du die Energie in deinem Körper, wie sie dich durchfährt, dich nährt und reinigt.

Und nun achte einmal darauf, welche Gedanken, Bilder oder Gefühle jetzt in dir aufsteigen. Was will in dir in die Energie von … *(hier den Duft nennen oder die Eigenschaft)* getaucht werden? Spüre in deinem Körper, wo … *(hier den Duft nennen oder die Eigenschaft)* dir jetzt guttun würde, und schicke diese Energie mit dem nächsten Atemzug genau dorthin.

Vielleicht möchtest du diese Energie mit einer Farbe visualisieren. Spüre einmal, wie sich das nun für dich anfühlt. Kannst du einen Unterschied wahrnehmen?

Lasse die Essenz weiter wirken, sich vollkommen entfalten. Du brauchst nichts mehr zu tun. Lasse einfach geschehen.

Und nun atme dich langsam wieder in die Gegenwart hinein, in diesen Raum. Wenn du den Impuls spürst, deine Augen sanft zu öffnen, dann komme zurück in diesen Raum.

Inner Child (Geistige Aufstellung)

WIRKUNG & ZIEL:
Diese geistige Aufstellung und gleichzeitig Meditation führt in den Raum des eigenen Vertrauens zurück. Sie eignet sich sehr gut während eines Wochenendeseminars oder Retreats. Sie sollte sehr langsam ausgeführt werden, damit genügend Raum bleibt, um nachzuspüren.

INFO:
Die hervorgehobenen Wörter kannst du ersetzen durch Wörter, die thematisch zu deinem Seminarinhalt oder zur Situation deines Klienten passen. Weitere Themen (Wörter) können sein: Selbstliebe, Selbstannahme, Glaube an Erfolg etc.

ABLAUF & VORBEREITUNG:
Die Teilnehmer spüren hinein, wo im Raum der für sie beste Platz im Stehen ist. Hier hilft oft die Frage: Wo fühlst du dich am besten? Bitte die Teilnehmer darum, dass sie ihre Augen schließen und in den Platz hineinspüren. Gib ihnen Zeit dafür.

Meditation

Lasse dein Inneres Kind vor dir erscheinen, in dem Moment, als es sein **Urvertrauen** ins Leben verloren hat. Schaue diesem kleinen Kind liebevoll in die Augen, und sage zu ihm: »Meine Kleine, mein Kleiner, ich bin jetzt bei dir und sehe dich.« Nimm wahr, wie dein Inneres Kind dich anschaut. Ist es vielleicht wütend, ängstlich oder traurig? Schaut es dich überhaupt an? Nimm es einfach wahr.

Gehe nun einen Schritt nach vorn, und stelle dich in die Position deines Kindes. Spüre und fühle dich ganz hinein, und nimm wahr, wie du dich als das kleine Kind in diesem Augenblick fühlst.

Schaue deinem erwachsenen Ich nun in die Augen, und teile ihm mit, wie es dir geht, wie du dich fühlst.

(Lasse hier Raum.)

Du hast nun die Möglichkeit, dein Höheres Selbst zu bitten, dein ursprüngliches **Vertrauen** in dich als Kind, in dein erwachsenes Ich und in das Leben wieder zu aktivieren. Bitte dein Höheres Selbst darum, alle Seelenanteile, die du einmal abgeschnitten hast, jetzt wieder in deinen Energiekörper zu integrieren.

Spüre die Kraft, die in diesem Prozess steckt. Vielleicht fängt dein Körper an zu kribbeln, vielleicht spürst du einfach die Energie in deinem Körper.

Du fühlst dich gestärkt, aufgerichtet und voller Vertrauen.

Schaue deinem erwachsenen Ich liebevoll in die Augen, und sage: »Ich habe ein Geschenk für uns beide.«

Bitte dein erwachsenes Ich, einen kleinen Schritt nach vorn zu gehen. Gehe auch du jetzt einen Schritt nach vorn, sodass ihr euch einander nähert. Womöglich verspürt ihr den Impuls, einander umarmen zu wollen. Lasst es fließen, verschmelzt miteinander in vollem Vertrauen, denn ihr beide seid eins, untrennbar miteinander verbunden.

Spüre, wie gut sich das anfühlt.

Lasse nun auch tiefe Dankbarkeit durch jede Zelle, jedes Atom, jede Kraft fließen. Zum kleinen Kind, zum Erwachsenen und allem, was dir wichtig erscheint. Bitte um Klarheit und Wahrheit.

Spüre nach. Lasse geschehen, und vertraue.

Atme sanft ein und aus. Löse dich, wann immer es sich stimmig für dich anfühlt, und nimm dieses Gefühl mit.

Endentspannung

WIRKUNG & ZIEL:
Für diese Entspannung ist es hilfreich, wenn du auf dem Boden liegst (Shavasana: die Totenstellung). In der Rückenentspannungslage liegt der Kopf entspannt auf der Matte oder auf einer Decke (keinem Kissen), die Arme sind so weit vom Körper weggestreckt, dass Luft zwischen die Achseln gelangen kann. Die Handflächen zeigen nach oben. Die Füße fallen hüftbreit und entspannt auseinander. Falls du eine Decke verwendest, achte darauf, dass deine Füße nicht zu stark beschwert werden, sondern sanft zur Seite fallen.

Meditation

Zunächst komme zur Ruhe, und richte dich ein. Allein durch die Stille, die nun im Raum ist, kommen dein Kreislauf und deine Gedanken zur Ruhe.

(ca. 2–3 Minuten Stille)

Nimm einen tiefen Atemzug, und spüre, wie sich zuerst deine Brust hebt und dann dein Bauch. Lasse mit der Ausatmung los, indem sich dein Bauch senkt und dann dein Brustkorb. Wie in Wellen atmest du ein – atmest du aus. Lasse dir Zeit, und atme tief in deinen Bauch ein – und aus …

(1 Minute Stille)

Dein Geist kommt zur Ruhe. Deine Gedanken werden still und ziehen einfach an dir vorbei …

Schicke deinen nächsten Atemzug in deine Füße – und lasse beim Ausatmen vollkommen los …

Lenke deinen Atem in die Beine, Knie und Oberschenkel – und lasse beim Ausatmen auch diesen Bereich vollkommen los …

Schicke deine Einatmung in dein Becken – und lasse beim Ausatmen los …

Atme in dein Gesäß und in deine Hüften – atme aus, und lasse vollkommen los …

Atme in deinen unteren Rücken – lasse beim Ausatmen los …

Schicke deinen Atem in den mittleren Rücken – lasse beim Ausatmen los …

Sende den nächsten Atemzug in deinen oberen Rücken – und lasse los …

Dein nächster Atemzug führt in deinen Bauch – und du lässt beim Ausatmen los …

Du atmest in deine Brust – und lässt auch hier vollkommen los …

Sende deinen Atem in deine Schultern – lasse los, und entspanne …

Du atmest in deine Oberarme, Ellenbogen und Arme hinein – und lässt beim Ausatmen los …

Bis in die Hände reicht dein Atemstrom – und du kannst auch hier vollkommen loslassen …

Nun lenke deinen Atem in deinen gesamten Kopf und Nackenbereich – und atme aus, lasse los …

(4–5 Minuten Stille)

SET SECHS

SO MUCH LOVE

»Das wahre Geschenk besteht nicht in dem,
was gegeben oder getan wird, sondern
in der Absicht des Gebenden oder Handelnden.«

(Lucius Annaeus Seneca)

Das weibliche Feuer hüten *von Daniela Hutter*

WIRKUNG & ZIEL:
Mit dieser inneren Reise schaffst du einen Raum der Hingabe, der Stille, der Weiblichkeit und vieler weiterer Qualitäten, die dich erfüllen und umfassend nähren. Sie ist wie ein Ritual, um das weibliche Feuer in dir zu hüten und Harmonie in dein Energiefeld fließen zu lassen.

Meditation

Schließe deine Augen, und erlaube dir Zeit für dich. Erlaube deinen Gedanken, dass sie »sein dürfen«. Doch sie werden in den nächsten Minuten keine Aufmerksamkeit bekommen. Später wirst du sie wieder wahrnehmen.

Schenke nun deinem Atem deine Bewusstheit. Lasse deinen Atem rund werden, fließen, und genieße, wie er dich entspannt. Nutze deinen Atem, um ganz bei dir anzukommen, und lasse dich mit jedem Atemzug tiefer in dich sinken, lasse ihn dich hinführen zu deinem Herzensraum, und entspanne dich vollkommen.

Falte deine Hände im Anjali-Mudra, das ist die Gebetshaltung, vor deinem Herzen. Sprich innerlich: »Om Shakti. Om Shakti. Om Shakti«, und lasse deine Hände dann wieder in deinen Schoß sinken.

Der Klang dieser Worte richtet sich an das heilige Weibliche in dir. Visualisiere das Bild eines Feuers. Es ist dein inneres heiliges weibliches Feuer. Es ist ein sanftes Feuer, kein heißes, kein verbrennendes. Atme in das Feuer hinein, und nutze die Schwingung der folgenden Worte, die weibliche Qualitäten repräsentieren:

Hingabe.

Atme das Wort in das Feuer, und nimm wahr, wie die Schwingung des Wortes das Feuer nährt.

Fahre fort: Ruhe.

Atme auch dieses Wort in das Feuer, und beobachte, wie die Schwingung des Wortes das Feuer nährt.

Fahre fort mit weiteren Aspekten der weiblichen Energie, und atme jede einzelne Qualität in das Feuer. Und während du beobachtest, wie das Feuer von jeder Schwingung genährt wird, verbinde dich mit der Qualität und dem sich nährenden Feuer, und fühle selbst auch die Energie und die Schwingung der weiblichen Aspekte.

Passivität. Tiefe. Wasser. Erde.

Lasse dir Zeit. Atme bewusst, und nimm jeden Aspekt ganz in dein eigenes Energiefeld auf. So, als wärest du selbst das Feuer.

Öffnend. Empfangend. Nährend. Schöpferisch. Gebärend. Fahre fort: Intuition. Mitgefühl. Bedingungslose Liebe.

Nähre das Feuer mit jeder einzelnen Qualität, und fahre mit so vielen Qualitäten fort, wie es für dich stimmig ist. Wenn du möchtest, wähle weitere, die für dich für den energetisch weiblichen Aspekt der Schöpfung stehen.

Wenn das Feuer ausreichend genährt ist, atme bewusst einige Male zu ihm hin, um es in seiner Qualität des heiligen Weiblichen zu stabilisieren. Verbinde dich ganz mit der Qualität des Feuers. Es ist dein Atem, der diese Verbindung kreiert. Je stärker die Verbindung ist, desto mehr fühlst du dich eins mit diesem Feuer, desto mehr wirst du selbst zum Feuer.

Erinnere dich: Es ist ein liebendes Feuer, kein verbrennendes.

Es ist das Feuer, das dich nun nährt, das die Energien des weiblichen Aspektes in dir erweckt. Spüre die Kraft, die es dir schenkt. Spüre die Harmonie, die es in deinem Energiefeld kreiert. Spüre die Balance zwischen deinem inneren Yin und Yang. Genieße dieses Energiefeld so lange, wie es für dich stimmig ist. Dann atme einige Male sanft, aber bewusst lange und hörbar aus, und lasse dabei das innere Bild des Feuers verblassen, bis es verschwindet.

Falte nun wieder deine Hände im Anjali-Mudra, der Gebetshaltung, vor deinem Herzen. Sprich innerlich: »Om namah shivaya.« Lasse den heiligen Klang der Worte in dein Herz sinken. Mit diesem Mantra widmen wir das heilige weibliche Feuer in uns der göttlichen männlichen Kraft des Universums. Beide Kräfte dürfen sich einander hingeben. Es darf aus ihnen das neue Wir entstehen.

Lasse deine Hände nun wieder in deinen Schoß sinken. Visualisiere das Bild von Yin und Yang vor deinem inneren Auge, und halte dieses Bild für eine Weile. Es darf wieder dein Atem sein, der dich mit der Qualität verbindet, sie ganz in deinem Energiefeld verankert.

Wende dich dann wieder dem Dunkel deiner geschlossenen Augen zu. Nimm für einige Atemzüge bewusst das Schwarz wahr. Bevor du aus der Meditation zurückkehrst, spüre deinen Körper bewusst von innen. Dann bewege ihn sanft, und fühle deine Bereitschaft, in deinen Alltag zurückzukehren.

Öffne deine Augen, und lasse die Bilder aus dem Außen dich erreichen, sieh mit dem empfangenden Blick.

Quelle der Meerjungfrau *von Anne-Mareike Schultz*

WIRKUNG & ZIEL:
Die Meerjungfrau verbindet uns mit unserem Licht, unserer Herzquelle, mit dem Göttlichen in uns und erinnert daran, dass wir einen göttlichen Funken in uns tragen. Mit dieser Meditation kannst du das Vertrauen stärken, dass du geborgen bist. Zudem können Anspannung und kräftezehrende Gefühle mit dem Bad in der Quelle der Liebe aus dir gelöst werden. Dies schenkt dir ein Gefühl von Freiheit, Weichheit, Entspannung und Kraft.

Meditation

Atme einige Male tief durch, und schließe deine Augen. Spüre, wo genau du dich gerade in deinem Körper befindest. Lasse aus deinen Füßen Wurzeln wachsen, und lasse diese deine Verbindung zu Mutter Erde sein.

Stelle dir vor, wie Mutter Erde über deine Füße eine Welle der Liebe in dein Sein sendet. Mache einen tiefen bewussten Atemzug, und atme bewusst wieder aus. Mit jedem einzelnen Atemzug wirst du ruhiger, und deine Gedanken ziehen sich zurück und geben Raum frei, Raum für etwas Neues und Schönes.

Du kannst deine Gedanken auf Wolken setzen, diese Gedanken sind nicht verloren, sie stehen dir jederzeit zur Verfügung, aber dies hier ist jetzt deine Zeit. Also lasse deine Gedanken los, und genieße diese Reise.

Spüre, wie du sitzt. Spüre, wie jede Anspannung von dir abfällt und jeder einzelne Muskel loslässt. Fühle deine Körperhaltung, und lenke deine Aufmerksamkeit noch einmal auf deinen Atem. Fühle, wie die Luft ein- und ausströmt, und mit jedem Atemzug, mit jedem einzelnen Atemzug entspannst du dich immer mehr. Mit jedem Ausatmen kannst du mögliche Widerstände und Anspannung loslassen, und mit jedem Einatmen nimmst du klare, reine, leuchtende Energie und Entspannung auf. Du fühlst, wie du immer kraftvoller, klarer und heller wirst, mit jedem einzelnen Atemzug mehr.

Du sinkst immer tiefer in den Raum deines Herzens, in dem du beschützt und wohlbehütet bist. Lasse alle Erwartungen los, und begegne dir selbst hier und jetzt. Du spürst, wie du mit deinen inneren Augen sehen kannst, und schaust dich an deinem inneren Ort um. All deine Wahrnehmungskanäle öffnen sich. Mache dir diese ganz bewusst.

Du weißt, dass du in deiner ureigenen Grotte, deiner Meerjungfrauengrotte bist, in der du dich geborgen und vollkommen sicher fühlen kannst. Empfange über deine Sinne. Indem du diesen wundervollen Ort wahrnimmst, bist du verbunden. Und denke daran, dies ist deine Vorstellung, es kann nur passieren, was dir angenehm ist.

Schaue dich in deiner Grotte um. Sie hat vielleicht ein Oberlicht, durch das die Sonne fällt und das Wasser türkisblau schimmern lässt. Du hörst vielleicht einen Wasserfall hinter dir rauschen, und vor dir liegt ein weiterer Ausgang Richtung Meer. Du hörst, wie die Wellen an den Eingang schlagen. Die Wände schimmern in Perlmuttfarben, und es fühlt sich alles ganz vertraut an. Du riechst das Meer, und es ist, als wenn du diesen Ort schon lange kennst. Schaue dich um. Du erblickst eine riesige Muschelwanne, die einladend funkelt und glitzert. Neben dieser Wanne auf einem Vorsprung sitzt eine Meerjungfrau und wartet auf dich. Sie ist wunderschön, sinnlich und liebevoll.

Sie ist dir vollkommen vertraut, und du fühlst dich geborgen und sicher in ihrer Nähe. Sie strahlt gleichzeitig mütterliche Weisheit und jugendliche Unschuld aus. Sie winkt dich mit einer liebevollen Geste zu sich, und ihr begrüßt euch auf eine dir angenehme Art und Weise. Eine zarte, liebkosende, kraftvolle, zauberhafte, klingende Schwingung umgibt die Meerjungfrau, und diese Schwingung wird auch in dir erzeugt. Eure Augen treffen sich, und in dir erwacht das Gefühl, dass sich eure Seelen schon lange kennen.

Die Meerjungfrau spricht zu dir: »Geliebtes Wesen, ich danke dir, dass du mich hier an dem Ort deines Herzens empfängst. Dies ist der Ort deiner ureigenen Quelle. Ich möchte dich heute unterstützen, deine Anspannung und die kräftezehrenden Gefühle aus dir zu lösen, damit du wieder ganz frei, entspannt und kraftvoll die Quelle deines Herzens sprudeln lassen kannst. Bitte setze dich zu mir auf den Wannenrand, und lasse deine Füße baumeln. Du spürst, dass diese Quelle dir ganz viel Liebe, Weichheit und Ruhe schenkt. Geliebtes Wesen, ich weiß, dass es schwierig ist, sich etwas Farbenfrohes auszumalen, wenn die Welt grau ist, und es ist noch schwieriger, sich frei, losgelöst und kraftvoll zu fühlen, wenn man sich eingeengt, angespannt und kraftlos fühlt. Ich möchte dir hier und jetzt helfen, dich von allem zu lösen, damit deine Herzquelle frei sprudeln kann und du dich leicht und losgelöst fühlst. Bitte habe keine Angst, denn du entscheidest, in welcher Geschwindigkeit dies alles hier geschieht. Dies ist deine Vorstellung, und du darfst alles lenken. Ich bin immer mit dir verbunden und kann dir zu jeder Zeit zur Seite stehen.«

Wenn du bereit bist, gleite ganz in die Wanne hinein. Spüre das Perlmutt unter dir und wie warm und weich die Wanne ist.

Aus dem Augenwinkel erkennst du, dass die Meerjungfrau die Wand hinter dir berührt. Diese beginnt zu funkeln, und es öffnet sich ein kleiner Wasserfall. Die Meerjungfrau leitet mit ihren Händen diesen honigfarbenen Strahl über deinen Kopf, und du erlebst, wie dich diese weiche und sanfte Flüssigkeit berührt. Sie ist ganz warm und unglaublich leicht. Diese Flüssigkeit ist das Leichteste, was du je gespürt hast, und sie hüllt dich ganz ein. Du spürst in deinem gesamten Körper- und Energiesystem, dass sich alle Muskeln entspannen, jegliche Anspannung von dir genommen wird und sich aus dir löst.

Du erlebst, wie du tief Luft holen kannst, sich in dir alles ganz frei, weich und sanft anfühlt. Du spürst, dass diese Flüssigkeit die Liebe in sich trägt und wie diese deinen ganzen Körper berührt, aber auch dein Innerstes.

Die Meerjungfrau spricht zu dir: »Lasse dich von der Quelle der Liebe durchströmen, und lasse zu, dass nun die Verspannungen und alle kräftezehrenden Gefühle in dir gelöst werden.«

Spüre, wie du dich bis in die Tiefen deiner Seelenebene hinein entspannst. Nimm wahr, wie die Flüssigkeit über deinen Scheitel, deine Stirn, deine Augenlider, deine Wangen und dein Kinn gleitet. Mit jedem Ein- und Ausatmen lasse zu, dass du freier, weicher, entspannter und kraftvoller wirst.

Nimm wahr, wie die Flüssigkeit in dein Herz fließt und sich kreisförmig in deinem Körper ausbreitet, bis in deine Fingerspitzen und in deine Zehen.

Atme in dieses Gefühl von Freiheit, Sanftheit und Entspannung hinein, und spüre, wie es dich mit seiner Geborgenheit, Kraft und Liebe losgelöst werden lässt. Erlebe, wie sich alles aus dir löst, was dich zurückgehalten hat und sich jetzt in der Quelle der Liebe vollkommen auflöst.

Die Meerjungfrau streckt ihre Hand aus und berührt deine Brust auf Herzhöhe. Spüre diese sanfte und liebevolle Berührung. Sie spricht zu dir: »In dir liegt eine Quelle unbegrenzter Möglichkeiten, und sie kann nun frei sprudeln. Du kannst deine Kraft vollkommen frei lenken. Dir steht alles offen, denn du hast alles in dir.«

Nimm wahr, wie dein ganzes System entspannt, du ganz gelöst bist und dich leicht fühlst. Atme tief durch, und mit jedem Atemzug erlebe und fühle, wie du in deine wahre Größe kommst, wie du dich freier, leichter und größer fühlst. Spüre, wie du ganz gelassen und entspannt in der Wanne liegst und dich die Liebe der Quelle hält.

Die Meerjungfrau berührt wieder die Wand, und der Wasserfall versiegt. Sie spricht zu dir: »Deine Aufgabe ist es, nicht immer alles festhalten zu wollen. Du darfst loslassen, sanft sein und dich entspannen. Du kannst jederzeit hier an deinen Ort zurückkehren und alles aus dir lösen, was du nicht mehr benötigst. Dies ist dein Ort der Entspannung.«

Es ist nun Zeit, dich von der Meerjungfrau zu verabschieden, aber es ist kein Abschied für immer, denn du kannst jederzeit zurückkommen. Doch zunächst ist der Moment gekommen, ins Hier und Jetzt zurückzukehren.

Du atmest dich von innen nach außen. Wackle mit den Füßen, und spüre deine Beine. Bewege deine Hände und Arme. Du spürst deinen Brustkorb und kannst tief Atem holen. Strecke dich, und werde dir immer mehr bewusst, dass du einen menschlichen Körper hast.

Öffne deine Augen in deiner Geschwindigkeit. Sei willkommen!

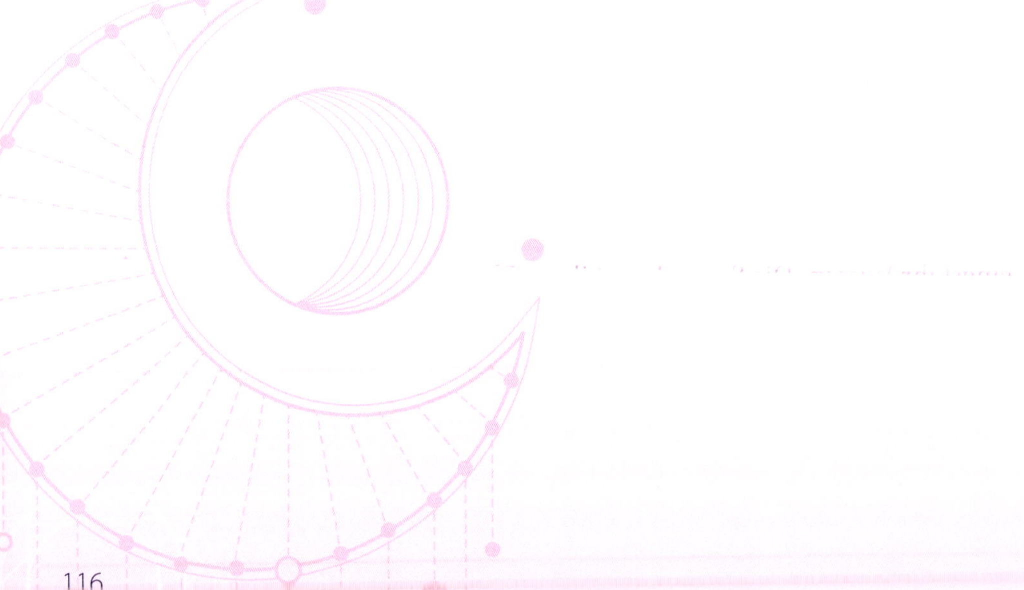

Schamanische Visionssuche *von Jennie Appel*

WIRKUNG & ZIEL:
Eine Visions-Meditation ist inspiriert von der alten schamanischen Tradition der Visionssuche. Sie erinnert an und verbindet dich mit deinen dir innewohnenden Talenten.

Meditation

Du kannst aufrecht und doch entspannt sitzen oder liegen, wenn du möchtest. Finde eine Position, die dir angenehm ist und die du für eine Weile gut einnehmen kannst. Schließe nun deine Augen, und nimm drei tiefe Atemzüge, damit dein inneres Auge mit jedem einzelnen Atemzug mehr erwacht.

Stelle dir jetzt vor, dass du hoch oben in den Bergen inmitten einer wundervollen Landschaft stehst. Kennst du diesen Ort bereits, oder ist er dir ganz neu? Schaue dich um, was du alles entdecken kannst. Wachsen hier besondere Blumen oder andere Pflanzen, die du noch nie gesehen hast?

Ist es windstill hier oben, oder weht eine sanfte Brise?

Wie riecht die Luft an diesem Ort, und wie fühlt sie sich auf deiner Haut an? Atme noch einmal tief durch, und nimm die klare, frische Höhenluft tief in dich auf. Fühle die Wärme der Sonne auf deinem Gesicht. Und nimm wahr, wie nah du ihr hier oben in den Bergen sein kannst. Verbinde dich nun durch einen vom Atem geleiteten Fokus mit dem Leuchten und der Kraft der Sonne. Spüre, dass jeder Einzelne von uns dieses kraftvolle Leuchten in sich trägt und damit für sich und andere ein helles Licht sein kann, das die Welt zu einem herzlichen und freundlichen Ort macht.

Während du dich tief mit der Sonne verbindest, lernst du von ihr und empfängst ihr Wissen. Die Sonne kennt ihren Platz am Himmelszelt und legt ihre ganze Kraft in ihre Strahlen. Wenn wir selbst um unseren Platz und unsere besonderen Fähigkeiten wissen, können auch wir Menschen all unsere Kraft nutzen und hell strahlen. Genau wie die Sonne nicht plötzlich nachts erscheint, weil sie lieber der Mond sein möchte, ist es auch für jeden Einzelnen von uns wichtig, ganz er selbst zu sein, statt ein anderer sein zu wollen oder sich dauernd zu vergleichen. Wir alle sind einzigartig, voller Talente und besitzen Strahlkraft – ohne Ausnahme. Das Schöne daran ist auch, dass diese besondere Kraft eines Menschen ohne jede Anstrengung ganz von allein zu fließen scheint.

Hoch über dir nimmst du nun einen Vogelruf wahr, du hörst Flügelschläge, und es fühlt sich so an, als kämen diese immer näher.

Kannst du den großen Vogel bereits sehen, oder blendet dich die Sonne, aus der er zu kommen scheint?

Der große Vogel kommt immer näher, und du kannst erkennen, dass es ein riesiger Adler ist. Er landet direkt vor dir und breitet seine beeindruckenden Flügel aus. Der Adler blickt dich freundlich an und lädt dich mit ruhiger Stimme ein: »Wie schön, dass du gekommen bist! Es ist mir eine Freude, dich zu einem kraftvollen Ort zu bringen, und eine Ehre, mit dir zu schauen, in welche Höhen du hinaufsteigen kannst, um auf der Erde zu strahlen. Steige auf, und fliege mit mir!«

Der Adler wartet geduldig, bis du einen guten Sitz und einen sicheren Halt auf ihm gefunden hast, breitet dann seine riesigen Schwingen aus und hebt mit dir gemeinsam in die Lüfte ab.

Du bekommst eine Ahnung von dem alten schamanischen Gebet »Nimm uns unter deine Flügel, und lehre uns, zu fliegen!«

Ihr fliegt weit hinauf, könnt die Spitzen der Berge sehen, auf denen du gerade noch gestanden hast, fliegt hoch über die Wolken und scheinbar fast in die Sonne hinein – so hell leuchtet es dort. Vielleicht kannst du bestimmte Klänge wahrnehmen, Geräusche oder Töne? Ihr fliegt immer höher hinauf …

Auf einmal verändert sich der Flug des Adlers, er dreht leicht ein und setzt zur Landung an. Ihr seid so weit hinaufgeflogen, weit über die Erde hinaus. Dort scheint es tatsächlich einen Ort zu geben, auf dem eine Landung möglich ist. Jenseits des Himmels, den wir kennen, jenseits der Wolken und der Sterne. Nun landet ihr sanft, und du darfst absteigen und dich ein wenig umsehen. An was für einem Ort bist du gelandet? Wie sieht er aus, und wie fühlt er sich an?

Der Adler richtet sich ein wenig auf und sagt zu dir: »Hier wirst du auf den Hüter der Gaben treffen. Er wird dich gleich zu einem Ort bringen, an dem du deine eigene, ganz besondere Kraft entdecken wirst.«

Tatsächlich nähert sich eine Gestalt, die geradewegs auf euch zukommt. Das kann ein Mann sein oder eine Frau, es kann auch ein engelsgleiches oder magisches Wesen sein oder eines, das du nicht richtig benennen kannst, weil du es noch nie zuvor gesehen hast. Wie zeigt sich dir der Hüter der Gaben? Was fällt dir auf?

»Herzlich willkommen an diesem kraftvollen Ort!«, begrüßt euch der Hüter freundlich. »Ihr habt eine weite Reise hinter euch, und ich möchte euch nicht länger gespannt warten lassen – kommt mit, folgt mir, ich bringe euch zum See der Vision.« Und so folgt ihr dem Hüter, wie euch geheißen wurde.

Die Landschaft wird immer grüner und blühender – wahrhaft alles steht in voller Blüte, ist gut genährt und zufrieden. Es ist ein Ort der Fülle und des bunten Reichtums. Alle Farben sind vertreten, und während ihr durch diese Landschaft geht, fühlt es sich fast so an, als sei hier einfach alles möglich.

In einiger Entfernung erblickst du eine Hügelkuppe, über die sich ein Weg schlängelt – und tatsächlich folgt ihr diesem Weg hinauf und schließlich über einen schmalen Pfad ein kleines Stück hinab zu einer Art Plateau, das dort ein wenig versteckt liegt.

»Hier ist der See der Vision. Es sind nur noch wenige Schritte bis dorthin, und ich bitte dich, diese allein zu gehen. Du kannst ihn nicht verfehlen. Wenn du am Ufer des Sees angekommen bist, atme noch einmal tief durch, und schaue dann, wenn du so weit bist, auf die spiegelglatte Oberfläche – sie wird dir deine strahlende Kraft und deine ganz besonderen Fähigkeiten offenbaren.« Mit diesen Worten nickt dir der Hüter ermutigend zu. »Wir warten hier auf dich, bis du genug gesehen hast und zurück nach Hause fliegen möchtest.«

Du kannst den See schon sehen und gehst mit Bedacht deine letzten Schritte. Gleich, in einem Moment, nimm alles, was du sehen wirst, ganz genau wahr. Was du tust, wie du dabei aussiehst, vielleicht auch, was du anhast oder was sonst geschieht.

Der Hüter hatte Recht, es sind nur sehr wenige Schritte, und du bist schon angekommen. Nun nimm noch einmal einen tiefen Atemzug, und lasse dir deine Vision vom See offenbaren …

(ca. 3–5 Minuten Stille)

Du spürst, dass der See dir nun all das gezeigt hat, was für heute und jetzt für dich wichtig ist. Es gibt noch vieles mehr zu wissen und zu sehen, das spürst du genauso deutlich – doch für heute ist alles Wichtige für dich sichtbar geworden. Du weißt, dass du nun zum Adler und zum Hüter zurückkehren kannst. Nimm für jetzt Abschied von diesem Ort, und wisse, dass du jederzeit wiederkommen und erneut deine Kraft anschauen kannst.

Du kehrst um und siehst nach wenigen Schritten, dass der Hüter der Gaben zufrieden lächelt und der Adler bereit ist, mit dir zurückzufliegen. Danke dem Hüter, und verabschiede dich.

Der Adler beugt sich zu dir herab und deutet dir an, auf seinen Rücken zu klettern. »Wir können direkt von hier losfliegen«, sagt er. Du winkst dem Hüter noch einmal zu, und er erwidert deinen Gruß. Dann hebt ihr ab, macht eine kleine Wendung und fliegt sanft hinab zur Erde, immer tiefer, vorbei an den Wolken und durch sie hindurch … bis du unter dir plötzlich die Bergspitzen erkennen kannst, die Landschaft, wo eure gemeinsame Reise begonnen hat. Der Adler setzt zum Landeanflug an, und du kannst ganz bequem hinunterklettern.

Es ist an der Zeit, dich nun auch bei ihm für seine Hilfe und den gemeinsamen Flug zu bedanken und dich von ihm zu verabschieden.

Dann nimm langsam wieder drei tiefe Atemzüge, und spüre dabei in deinen Körper hinein, spüre, wo du gerade bist. Bewege langsam deine Finger, deine Zehen, und wenn du magst, recke und strecke dich. Öffne langsam deine Augen, und freue dich auf deine ganz besondere Kraft, mit der du die Welt ein ganzes Stück heller machen kannst!

Gesegnet sei deine Vision, gesegnet sei dein Leben!

Reise zum Tempel von Shambala

von Maria Christina Gabriel

WIRKUNG & ZIEL:
Mit dieser Meditation öffnest du dich für dein inneres Gleichgewicht und deine Weisheit. Shambala trägt ein kraftvolles Energiefeld in sich. Verbindest du dich mit dieser Energie, so schöpfst du aus dieser einzigartigen Quelle. Ziel ist es, die innere Weisheit des Herzens zu aktivieren und dem Weg des Lichts zu folgen.

Meditation

Setze dich aufrecht auf einen Stuhl, sodass deine Füße auf dem Boden aufgestellt sind und dein Rücken gerade ist. Die Handflächen ruhen geöffnet auf deinen Oberschenkeln. Schließe deine Augen, und spüre in deinen Körper hinein. Entspanne deine Schultern, deinen Rücken, und nimm einige tiefe Atemzüge. Erlaube dir, immer präsenter in diesem Moment anzukommen. Sende deine liebevolle Aufmerksamkeit zu deinem Körper. Jetzt. Hier. Nur dieser Moment zählt. Du und dein Körper. Dieses wunderschöne Feld, das ihr gemeinsam seid.

Atme ein. Atme aus.

Entspanne deinen Kiefer. Löse deine Zunge vom Gaumen, und entspanne selbst deine Augen. Alles ruht. Sprich mir innerlich nach: »Ich bin Ruhe. Ich bin Friede. Ich bin Ausdruck göttlicher Kraft und Liebe. Alles ist gut. Ich werde gesehen. Ich bin Klarheit. Ich bin Weisheit. Ich bin.«

Atme ein. Atme aus.

Mit dem nächsten Atemzug folge dem Atem in Richtung deines Herzens. Beobachte, wie sich im Zentrum deines Herzens eine wunderschöne kristallene Sonne befindet. Pures, helles, strahlendes Licht im Zentrum deines Herzens. Während du es betrachtest, wird das Licht immer intensiver. Eine Welle des Friedens durchströmt dich. Selbst die feinsten Muskeln deines Körpers entspannen sich nun. Dein Geist entspannt sich. Alles wird durchflutet von diesem sanften Licht. Du beginnst, dich auf dieses Licht in deinem Herzen zuzubewegen.

Atme ein. Atme aus.

Je näher du kommst, desto klarer erkennst du die Form eines Tempels unter der Kristallsonne. Wunderbare Lichttürme thronen auf diesem Tempel, und du fühlst dich magisch angezogen. Eine Welle der Klarheit durchströmt dich, und du schreitest weiter voran zum Eingang des Tempels. Die Silben Sham-ba-la durchströmen dein Herz. Mit jedem Schritt wird dein System gereinigt. Tiefe Liebe flutet deine Zellen. Du betrittst den Lichttempel von Shambala, wirst empfangen von wunderbaren Lichtengeln. Du weißt, ihr kennt euch schon unendlich lange. Jahrhunderte. Jahrtausende. Zeitloses Zusammensein.

Tiefes Vertrauen und tiefe Liebe verbinden euch. Wortlose Kommunikation. Pures Sein. Pure Präsenz.

Atme ein. Atme aus.

Im Tempel wird dir ein Becken aus purem goldenem Licht gezeigt, und du bist eingeladen, nun in diesem Goldlicht zu baden. Stufe für Stufe steigst du in das entspannende Bad. Tauchst ab in dieses Goldlicht. Alles golden. Vergoldet. Du tauchst unter, sodass du völlig von dem Gold umgeben bist. In diesem Licht kannst du weiter atmen. Du atmest goldenes Licht sowie heilige Töne, die dich durchströmen. Tiefe, klangvolle Vibration in deinem Urbewusstsein. In diesem Goldbad richten sich deine inneren Achsen automatisch wieder zueinander aus. Ganz fein und sanft. Universelles Gleichgewicht. Du bist. Vollkommenheit. Verweile in diesem Goldbad, und lasse dich tragen in Hingabe.

Atme ein. Atme aus.

Wenn du spürst, dass es genug ist, steige aus dem Goldbad hinaus. Du wirst in einen wunderschönen goldenen Lichtmantel gehüllt und von den Lichtengeln in den innersten Raum des Tempels geführt. Dort erwartet dich der Kern des Lichtes. Pure Liebe und Reinheit. Unschuld. Du erhältst nun die Möglichkeit, eine Frage deines Herzens an den Tempel von Shambala, diese universelle Kraft, zu richten. Stelle nun innerlich deine Frage an das Licht. Die Antwort strömt direkt in dein Herz herein. Lasse dich von der Antwort berühren. Du wirst gesehen und gehört. Liebe für dich. Du erhältst einen kraftvollen Segen für dein Leben. Innere Weisheit begleitet dich fortan. Du kannst nun in deinen eigenen Worten Danke sagen für diese Erfahrung.

Atme ein. Atme aus.

Alles integriert sich hier und jetzt in Sanftheit in dein System. Alles fließt zu deinem höchsten Wohle. Atme ein, und atme aus. Die Lichtengel begleiten dich nun hinaus aus dem innersten Raum, hinaus aus dem Tempel, und geben dir lichtvolle Gaben mit auf deinen Weg. Sie verabschieden dich und erinnern dich daran, dass du jederzeit zurückkommen kannst an diesen Ort in deinem Herzen. Du trägst das Licht von Shambala in dir. Atme ein, und atme aus. Spüre deinen Körper. Spüre dich hier und jetzt. Du bist Weisheit, Vollkommenheit, Licht. Du bist wieder voll und ganz hier, auf der Erde.

Deine Füße sind verbunden mit dem Boden unter dir. Beginne langsam, deine Hände und Füße kreisend zu bewegen. Recke und strecke dich. Folge den Bewegungen, die dein Körper jetzt machen möchte. Tritt einige Male mit deinen Füßen auf dem Boden auf, sodass du dich wieder vollständig hier erdest. Mache das so kraftvoll, wie du es gerade brauchst. Öffne deine Augen. Du bist wieder voll und ganz im Jetzt angekommen.

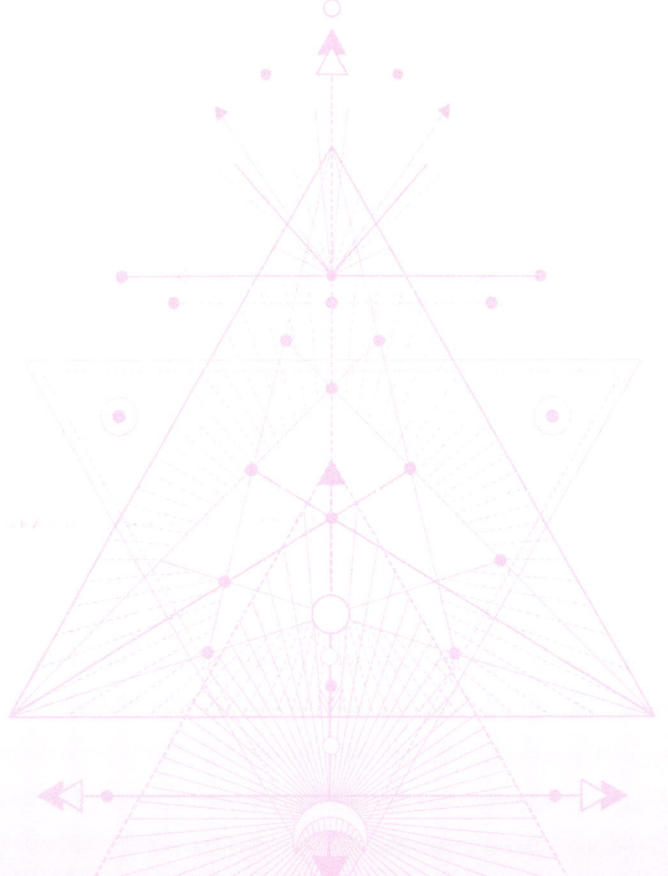

Reise zum Baumwesen *von Susanne Hühn*

WIRKUNG & ZIEL:
Mit dieser inneren Reise erschließt du innere Kraftressourcen wie Trost, Stabilität und Zuversicht. Baumwesen und innere Bilder von Bäumen schenken zudem Urvertrauen. Diese Reise eignet sich auch sehr gut, um sie mit Kindern durchzuführen.

Meditation

Es gibt jetzt nichts mehr für dich zu tun, du brauchst niemandem zu gefallen, für niemanden zu sorgen, es niemandem recht zu machen. Du bist jetzt ganz und gar für dich und darfst dir erlauben, dich nach innen zu wenden, deinen inneren Bildern, deinen Wahrnehmungen zu glauben. Und so entsteht jetzt vor deinem inneren Auge ein Tor, durch das du ganz mühelos schreitest. Hinter dem Tor findest du eine zauberhafte Landschaft, in der du ein bisschen spazieren gehst und dich ausruhst.

Du spürst, dass es Zeit wird, dich nach innen zu wenden und dir selbst zu begegnen und zuzuhören. Du gehst noch ein bisschen weiter und findest in einiger Entfernung einen wunderschönen Baum. Du gehst auf diesen Baum zu und erkennst auf einmal, wie in einem Märchen gibt es eine Tür im Stamm. Du kannst es fast nicht glauben, doch tatsächlich, da ist wirklich eine kleine Tür. Du weißt nicht, darfst du sie einfach öffnen oder solltest du anklopfen? Immerhin ist es deine Innenwelt, und alles, was sich hier befindet, gehört auch zu dir. Du entscheidest dich dennoch, anzuklopfen, und tatsächlich, die Tür öffnet sich.

Ein Wesen erscheint in der Tür, ein Baumwesen oder ein Märchenwesen. Es schaut zu dir hoch und bittet dich ins Innere des Stammes. Du bist viel zu groß, erkennst du. Es ist unmöglich, dass du durch diese Tür hindurchpasst. Doch auf einmal erlebst du, dass du kleiner wirst. Und nicht nur kleiner, sondern auch jünger. Du wirst zu dem Kind, das du einmal warst. Wie durch Magie reist du in der Zeit zurück und hast auf einmal die perfekte Größe für diese Tür. Ja, du bist genauso groß wie das Wesen, das hier wohnt. Vielleicht sogar ein bisschen kleiner.

Jetzt trittst du ein, das Wesen bittet dich in sein Baumhaus hinein. Das kleine Haus ist urgemütlich eingerichtet. Es ist eigentlich nur ein einziges Zimmer mit einer Kochstelle, einem Bett und einem Tisch mit sehr gemütlichen Stühlen. Das Baumwesen stellt dir eine Tasse oder ein Glas hin, es ist das Lieblingsgetränk aus deiner Kindheit. Du hast schon ganz vergessen, wie gut es dir schmeckt. Als Erwachsener schmeckt es aber auch irgendwie anders. Du setzt dich auf einen der Stühle und kuschelst dich ein. Es ist wirklich sehr gemütlich, und du fühlst dich sehr wohl.

Das Baumwesen setzt sich jetzt zu dir an den Tisch. Es fragt, ob es dich berühren darf, und du vertraust ihm vollkommen. Es legt seine Hände auf deine. Auf einmal spürst du, wie unermessliche Wärme und tiefes Vertrauen in dich einfließen, eine Stabilität, eine Zuversicht, die du so noch nie erlebt hast. Weder als Kind noch als Erwachsener. Es ist die unerschütterliche Sicherheit des Baumes selbst, die in dich einfließt.

Das Wesen sagt: »Von nun an und für alle Zeiten hast du Verbündete. Von nun an bin ich immer für dich da, ich und alle Bäume, die zu mir gehören. Meine Bäume sind überall auf der Welt verstreut, es gibt sie in allen Sorten. Und immer, wenn du dich einsam fühlst, wenn du Halt oder Trost brauchst, gehe in einen Wald oder in einen Park. Meine Bäume werden sich dir zu erkennen geben, und sie sind immer für dich da. Sie haben alle eine bestimmte Frequenz, eine bestimmte Kraft, genau die Kraft, die du dann brauchst. Hier und jetzt gebe ich dir ein für alle Mal die Kraft der Baumwesen, die zuversichtlich und unerschütterlich ihren Platz behaupten, ein Heim für viele Wesenheiten bilden, mit Himmel und Erde verbunden sind.«

Du spürst, wie die Kraft deine Wirbelsäule entlang nach oben fließt, wie dein Rücken gerader und stärker wird, wie Zuversicht in dich einfließt. Auf einmal weißt du, obwohl du noch so klein bist, du wirst dein Leben meistern. Du wirst mit den Schwierigkeiten, die sich dir zeigen, umgehen können. Du wirst nie wieder allein sein, das Baumwesen mit all seinen Gefährten ist für immer bei dir und in dir.

Und auf einmal, obwohl du noch so klein bist, zeigen sich dir verschiedene Situationen deines Lebens, auch welche, die erst später stattfinden werden. Situationen, in denen du einsam warst, dich unverstanden fühltest, traurig oder verzweifelt warst. Du spürst sie noch einmal, doch jetzt bist du gestärkt von der Kraft des Baumwesens. Die Bäume halten dich, ihre Zuversicht ist nun Teil von dir. Du erkennst, wie anders du diese Situationen erlebst, wenn diese Kraft bei dir ist. Das Wesen lächelt dir zu, legt noch einmal seine Hände auf deine und sagt dir: »Du kannst mich jederzeit besuchen, ich wohne in dir und bin doch ein eigenständiges Wesen.«

Du trinkst deine Tasse oder dein Glas leer, stehst auf und schlenderst ein bisschen in dem Raum umher. Du schaust dir alles an und spürst, wie sich in dir diese neue Kraft entfaltet, wie sie in jede Zelle hineinfließt und dich stärker und gelassener sein lässt. Es ist, als hättest du ein inneres Zuhause gefunden.

»Kann ich nicht einfach hierbleiben?«, denkst du vielleicht, doch du weißt auch, dass du ein eigenes Leben hast.

»Du kannst mich wirklich jederzeit besuchen kommen«, sagt das Wesen, als hätte es deine Gedanken gelesen. Und natürlich hat es das auch, es wohnt ja in dir. »Ich gebe dir auch dann Kraft, wenn du einmal nicht an mich denkst«, sagt es, »ich bin für dich da.«

Beruhigt verabschiedest du dich nun von diesem Wesen. Du spürst, es wird Zeit, in die Außenwelt zurückzukehren. Du verlässt das Baumhaus durch die kleine Tür, und sobald du draußen bist, wirst du wieder groß und erwachsen. Du spürst jetzt diese Kraft sehr deutlich in dir, es hat sich wirklich etwas verändert. Mit dieser Baumkraft, die nun Teil von dir geworden ist, gehst du den Weg zurück und kommst durch dein Tor zurück in den Raum, in dem du dich befindest.

Der Kreislauf der Liebe *von Sylvia Bieber*

WIRKUNG UND ZIEL:
Diese Reise verbindet dich mit der bedingungslosen Liebe von Vater-Mutter-Gott und Mutter Erde. Du kreierst ein Heilfeld der Liebe, das in der Lage ist, alles zu durchdringen und zu transformieren, was in Disbalance ist.

Meditation

Schließe ganz sanft deine Augen.

Atme zwei-, dreimal tief in den Bauch ein, sodass deine Bauchdecke sich mit jedem Einatmen hebt und beim Ausatmen zurücksinkt. Lasse dabei all deine Gedanken einfach ziehen.

Lasse alles los, was dich belastet und bedrückt. Atme Entspannung ein und Anspannung aus.

Nutze deinen Atem wie einen Aufzug, der dich tief zu dir selbst führen kann. Jeder neuerliche Atemzug lenkt deine Aufmerksamkeit nach innen, zu dir selbst. Jedes Ausatmen befreit dich von Druck und Spannungen, sodass du mit dem nun folgenden Atemzug denken kannst: »Ich bin der/die, der/die ich bin. Ich verbinde mein Bewusstsein mit allen Menschen, die sich jetzt gerade in Liebe auf die Themen ›Machtmissbrauch‹, ›Zwang‹, ›Freiheit‹ und ›Selbstbestimmung‹ konzentrieren.« Und indem du dein Bewusstsein mit deren Bewusstsein verbindest, entsteht ein Heilfeld der Liebe, das dir hilft, bereit zu sein für jegliche Art des Loslassens …

Diese Verbundenheit bereitet dich darauf vor, Klärung auf allen Ebenen zu erlangen, sodass du im Alltag loslassen kannst, um bereit zu sein für das Gute, das dir begegnet, immerdar und jetzt gerade. Und in dieser Bereitschaft ist es dir möglich, allen Dingen Frieden zu schenken, achtsam zu sein und dich mit der Liebe Gottes zu verbinden. Diese strömt durch dein Kronenchakra, das sich weit und sanft öffnet. Als goldenes Licht fließt sie in dich herein, fließt sanft weiter hinab durch dein Drittes Auge und auch durch dein Halschakra. Von dort aus verbreitet es seine Energie, um in dein Herzchakra zu strömen. Dieses wird weich und weit, dehnt sich aus, und die Liebe Gottes strömt tiefer hinab in dein Solarplexuschakra. Dieses Strömen empfindest du womöglich als Wärme oder Prickeln, vielleicht auch einfach als ein sanftes Fließen. Und wie immer es dir auch möglich ist, den Liebesstrom Gottes wahrzunehmen, er findet seinen Weg in dein Sexualchakra, um von dort aus in dein Wurzelchakra zu fließen, sodass du nun, von der Liebe und Gnade Gottes durchströmt, den Fluss der Energie über Lichtwurzeln, die aus deinen Füßen wachsen, zu Mutter Erde schicken kannst.

Das goldene Licht fließt sanft und gleichzeitig stetig über deine Lichtwurzeln tief hinab zum Mittelpunkt der Erde, in die Herzkammer von Lady Gaia. Dort, in der Kristallkammer, kannst du das Herz von Lady Gaia erkennen, und dorthin fließt das goldene Licht der Liebe Gottes, verbindet sich mit der roten Energie von Mutter Erde und strömt zurück über deine Lichtwurzeln zu dir. Es fließt über deine Chakras hoch hinauf zum Herzen Gottes, sodass ein Kreislauf der Liebe entsteht, der genährt wird vom goldenen Licht Gottes und der roten Energie von Mutter Erde. Und indem beide Farben dich durchströmen, indem das Gold und das Rot dein Herz durchfluten, bist du eingebunden in diesen Schöpfungskreislauf und fähig, selbst Schöpfer zu sein. Auf diese Weise ist es dir möglich, unsere Erde wie aus dem Weltall zu betrachten.

In den schönsten Schattierungen von Blau präsentiert sie sich dir. Erhaben und majestätisch vor dem Urgrund des Weltalls zeigt sie ihr Gesicht all denen, die bereit sind, sich ihr so zu nähern. Und du weißt, dass die Geschöpfe, die auf der Erde leben, oft nicht in der Lage sind, sich ihrer als Mutter zu erinnern. Dass diese Menschen Licht und Liebe benötigen, um Mutter Erde als die zu erkennen, die sie ist – unsere Urmutter, unsere Amme, unsere einmalige Chance, zu leben und lieben zu lernen.

Indem du nun allen Geschöpfen dieser Welt dein Licht und deine Liebe sendest, gibst du dieses Licht und diese Liebe auch gleichzeitig dir selbst, deinen Kindern und Kindeskindern.

Lasse dein Licht zu jedem Lebewesen strömen, lasse es leuchten und bedingungslos sein. Stelle dir einfach vor, wie es aus deinem Herzen hinabströmt zu Lady Gaia und dadurch zu allen Geschöpfen, die auf ihr eine Heimat gefunden haben.

Und indem dein Licht fließt, kannst du bemerken, wie dich weiterhin das goldene Licht aus dem Herzen Gottes und das rote Licht aus dem Herzen von Mutter Erde durchströmen, sodass du Kanal bist für diese Energien, die nun die gesamte Erdkugel umkreisen. Indem dies geschieht, kann viel Dunkles weichen, kann Lichtvolles geschehen und Erhebendes passieren.

Indem das Dunkle, das Trübe, das Schattenhafte weicht, transformiert und integriert wird, hat das Lichtvolle eine Chance, kann das Erhebende Einfluss nehmen und geschehen.

Noch während all dies geschieht, kannst du beobachten, wie die Erde, von einer Lichtaura umgeben, konstant leuchtet. Immer heller und strahlender, immer breiter und größer wird diese Lichtaura, die du nun mit all deiner Liebe und Freude über dein Dasein füllen kannst.

Diese Gefühle kannst du auf deine ganz eigene Art und Weise in dir wahrnehmen und in die Lichtaura von Mutter Erde hinabsenden. Und vielleicht zeigt sich diese Freude in Form von Licht, möglicherweise auch symbolhaft oder ganz real. Wie immer es dir auch möglich ist, die Liebe und Freude über dein Dasein auszudrücken, sie finden einen Weg in die Lichtaura von Lady Gaia und tragen damit zu mehr Heil und Frieden bei.

Und da all dies auch deine eigene Herzensliebe erhöht und das göttliche Bewusstsein ausdehnt, ist es dir möglich, deine Liebesenergie durch den gesamten Kosmos fließen zu lassen, sie strömen zu lassen, sich ausdehnen zu lassen und den Weg zurück zu dir finden zu lassen. Sodass die göttliche Liebe immer wieder auch den Weg zurück zu dir findet, dich auflädt und alles transformiert, was transformiert werden will. Sodass ein Kreislauf der Liebe entsteht, der Frieden, Freude und Heil bringt, dir und allen Geschöpfen des gesamten Universums, dir und Gott, Göttin, allem, was ist. Und dieser Kreislauf der Liebe strömt absichtsvoll hoch hinauf und tief hinab, durchflutet dich und alle, die bereit sind, diese Liebe zu fühlen.

In diesem Bewusstsein atmest du dich langsam wieder zurück ins Hier und Jetzt. Du erlebst, wie dich ein kraftvoller Atemzug zurückbringt an die Oberfläche des Seins, in dem du deinen Körper wieder bewegen willst und in deiner Geschwindigkeit die Augen öffnest.

EXTRAS

»Alles, was du sehen kannst,
hat seine Wurzeln in der unsichtbaren Welt.
Es mögen sich die Formen ändern,
das Wesen bleibt dasselbe.«

(Rumi)

Stretching für deine Seele *von Sonja Szielinski*

Liebe Leserin, lieber Leser,

ich freue mich, das Vergnügen zu haben, etwas zu Dennis' wundervollem und wertvollem Meditationsbuch beitragen zu dürfen. Wie Dennis schon eingangs erwähnte: Es kam der Punkt, als er erkannte, dass alles Meditation sein kann. Alles, was mit Hingabe, Achtsamkeit und Bewusstsein im Hier und Jetzt geschieht, ist in der Tat Meditation und wird die angenehmen Effekte auf dich haben, die auch die »konventionelle« Meditation dir zu geben vermag. Um das klassische Bild, das viele nach wie vor von der »gebotenen Ernsthaftigkeit bei der Meditation« pflegen, noch etwas mehr aufzuweichen, neue Farbschattierungen einzubringen, möchte ich in diesem Zusammenhang etwas mit dir teilen, was mich tief bewegt hat.

Dabei handelt es sich um eine meiner letzten Meditationen, eine Zwiesprache zwischen Mutter Natur und mir. Denn Meditation ist (für mich) durchaus auch ein interaktiver Zwei- oder Mehr-Wege-Kanal. Man muss nicht nur still sitzen und lauschen oder den Kopf leeren, man darf sich auch trauen, Fragen zu stellen, und darauf gefasst sein, Antworten zu bekommen. Obwohl sich mein Text zunächst eher wie eine Erzählung anhören mag, werde ich die Meditation so beschreiben, dass du sie sowohl für dich allein so oder so ähnlich in deine ganz persönliche Meditationspraxis einbauen, als auch sie für einen Klienten, eine Klientin oder Gruppe verwenden kannst.

Noch kurz zur Klarheit vorweg: Mir ging es bei dieser speziellen Meditation darum, die Antwort auf eine bestimmte Frage zu erhalten – die Frage lautete: »Wie kann ich meine Arbeit als Heilerin effizienter und noch einfacher gestalten?« Und sie wurde aus dem Gefühl heraus geboren, dass es in der heutigen Zeitqualität noch leichter sein müsse, Heilung in die Welt zu bringen, als es herkömmliche Methoden vermögen. Die Antwort des Kosmos bzw. von Mutter Natur (der Großen Mutter) hat mich überrascht – vielleicht überrascht sie dich ja auch.

Als die oben genannte Frage in mir formuliert wurde, hatte ich den inneren Impuls, dazu in die Natur, ans Meer zu gehen und die Große Mutter dort zu befragen, vor Ort, fernab von menschlichen Einflüssen. Also wanderte ich an einem sonnigen, teilweise bewölkten Tag hinunter zu einem felsigen Teil des Strandes, überquerte dabei ein paar »schwierige« Passagen in vollem Vertrauen. Und angekommen an einem wunderschönen Felsvorsprung, an dessen rauen Kanten sich das Meer aufschäumte, breitete ich mein Baumwolltuch unter mir aus, stellte meine nackten Füße auf den von der Sonne gewärmten Stein und sog zunächst einmal die reine, balsamartige Luft ein. Mit geschlossenen Augen gab ich mich der Umgebung und dem Jetzt hin – drei bewusste, tiefe Atemzüge später war ich völlig ruhig, präsent und dankbar, an diesem wunderschönen Ort zu sein.

Die eigentliche Meditation beginnt damit, dass ich meine Chakras kläre und mich bewusst mit der Erde und dem Kosmos verbinde. Dazu stelle ich mir vor, wie sich mein Bewusstsein in einer strahlenden Kugel sammelt, die ich in den Mittelpunkt der Erde sende, um mich mit dem Kraftzentrum derselben zu verbinden. Dann ziehe ich die nährende, liebende Erdenergie mithilfe meines Bewusstseins wie durch Wurzeln, die von meinem Basischakra aus bis zu diesem Kraftzentrum des Planeten reichen, nach oben, wo sie meine Füße hinaufsteigt, mich erdet, zunächst mein Wurzelchakra (Basis des Gesäßes) erreicht, nährt und reinigt, das satt rot und völlig geklärt strahlt, bis ich die Energie weitersteigen lasse, in mein Sakralchakra (orange, in Nabelnähe), wo dasselbe passiert: Klärung, Reinigung und Versorgung mit frischer Energie. Dann wandert die versorgende Erdenergie weiter zu meinem Solarplexuschakra, das gelb leuchtend, frei und neu energetisiert zu schwingen beginnt, weiter zu meinem Herzchakra (Brustmitte), das sich dadurch noch mehr weitet und bedingungslose Liebe zu allem, was existiert, ausstrahlt. Das Herzchakra hat die Farbe Grün und erstrahlt nun ebenfalls leuchtend und geklärt. Weiter geht es mit dem Kehlkopfchakra (Mitte der Kehle), das in einem satten Eisblau zu leuchten beginnt, mit dem Stirnchakra (indigo, Mitte der Stirn; Drittes Auge) und dem Kronenchakra (violett; ein, zwei Fingerbreit über dem Scheitel). Wenn mein Energiesystem auf diese Weise energetisiert und geklärt ist, dann stelle ich eine bewusste Verbindung zur Schöpferebene (siebte Ebene der Existenz) her. Hierbei genügt die Intention, dass dies geschehen möge. Es können auch himmlische Helfer zur Unterstützung gebeten werden. Wenn ich so bewusst verbunden bin, stellt sich ein noch tieferer innerer Frieden ein, eine Hingabe an den jetzigen Moment, Zeit verliert ihre Bedeutung, Glückseligkeit wird zu mir und ich zu ihr. Ich bin. In diesem Zustand verweile ich einige Minuten, bade darin, tanke mich auf.

Dann geschah bei dem bereits angedeuteten Ereignis Folgendes:

Ich lege mich zurück und entspanne einfach nur. Über mir die Wolken, unter mir der Felsen und vor mir das Meer. Ich halte die Augen geschlossen und genieße das bloße Sein.

Nach ein paar Sekunden fällt mir meine Frage wieder ein. Im Geist ordne ich an: »Große Mutter von allem, was ist, mit der heiligen Kraft der Schöpfung befehle ich, mir zu zeigen, wie ich effizienter und leichter heilen kann, wie ich ein optimaler Kanal für Heilung sein kann. Es ist getan, es ist getan, es ist getan. Lasse es mich wissen. Vielen Dank.«

Es geschieht: nichts. Ich habe den Impuls, mich aufzurichten. Ich versuche, meinen Kopf ganz leer zu machen und lausche. In diesem Moment hört das sonore Brummen auf, das vorher aus unbestimmbarer Quelle die reinen Naturgeräusche durchdrungen hatte. Und da ist es:

»Nimm wahr.«

Und ich öffne die Augen und nehme wahr: das Meer, wie die Wellen das Moos an den Felsen sanft bewegen, wie die Wolken ziehen, alles geschieht so selbstverständlich, ohne die geringste Anstrengung … Plötzlich fühle ich mich sehr getragen. Verbunden. Ich nehme tatsächlich nur wahr. Stille. Ich bin. Und die Wolken geben just in diesem Moment die Sonne frei.

»Halte den Frieden.«

Welchen Frieden? Den Frieden in mir? Den Frieden in der Welt?

»Halte die Reinheit.«

Welche Reinheit? Die Reinheit der Gedanken? Die Reinheit des Körpers? Soll ich dich reinhalten?

»Es spielt keine Rolle.«

Was? Ob ich eine bessere Heilerin werde? Oder spielt überhaupt nichts eine Rolle?

»Es spielt keine Rolle. Achte nicht darauf.«

Aha. Worauf???

Mein Blick fällt auf die Wellen, die sich unermüdlich wieder und wieder dem Ufer nähern, sich daran aufbäumen, zurückfallen und es von Neuem wagen.

»Sei wie das Meer. Lasse dich tragen, gib dich hin. Sei tief.«

Ich lausche weiter.

»Sei so anpassungsfähig wie das Wasser. Es kann in Gefäße gesperrt werden, von seiner Umgebung begrenzt werden, verschmutzt werden – und es bleibt Wasser. Jedes Molekül weiß, es ist unverzichtbar. Es weiß um seine Leben spendende Rolle und dass es nicht weniger werden kann, egal, was geschieht – es spielt keine Rolle.«

Wow. Okay.

»Sei wie die Sonne. Es kümmert sie nicht, wenn Wolken sich vor sie schieben. Die Sonne ist die Sonne. Sie spendet Leben, sie scheint, ganz gleich, was geschieht. Es spielt keine Rolle.«

Ich beginne zu verstehen.

»Sei wie der Fels. Ruhe in dir. Wisse, dass du zu Staub zerfällst wie der Fels, irgendwann. Ruhe trotzdem in dir, denn es spielt keine Rolle. Solange der Fels ein Fels ist, ist der Fels ein Fels.«

Sehr weise. Ich bin beeindruckt und hoffe, dass das kein Selbstgespräch ist. In diesem Moment höre ich (es ist kein Hören, eher ein Denken): »Es spielt keine Rolle.«

Stimmt, von der Schöpferebene aus betrachtet, ist jedes Gespräch ein Selbstgespräch. Noch etwas?

»Sei wie ich.«

Wie wer? Du, die Natur, du, die Schöpfung? Was genau meinst du mit ich? Sei wie ich?

»Kümmere dich nicht darum.«

Ich finde das etwas »orakelig«, kann aber nicht mehr als das heraushören. Ich werde darüber nachsinnen und gegebenenfalls noch einmal nachfragen. Für heute ist es gut – ich fühle tiefen Frieden und Dankbarkeit in mir und sage: »Ich danke dir.«

»Ich weiß.«

Ich sitze noch ein wenig beseelt auf dem steinigen Untergrund, sinne über die erhaltenen Antworten nach und frage mich, wie ich diese Weisheiten (noch) besser in mein tägliches Leben und meine Arbeit integrieren kann. Was am nachdrücklichsten in mir bleibt, ist die Erkenntnis, dass wir uns immer noch für zu wichtig halten – und damit das, was wir auf Erden tun.

Verstehe mich nicht falsch: Wir SIND wichtig, und was wir tun, hat Bedeutung – doch aus Sicht des Unendlichen ist alles nur ein (Rollen-)Spiel, deshalb dürfen und sollten wir uns entspannen, den Stress rausnehmen und wissen:

◇◇◇◇◇◇◇◇

Egal, was wir tun oder nicht tun –
es gibt kein Falsch oder Richtig, nur Erfahrungen.

◇◇◇◇◇◇◇◇

Meine Meditationen schließe ich immer damit ab, dass ich nochmals – wie zu Beginn – meine Chakras durchgehe, mein Bewusstsein fest in meinem Körper und im Moment verankere und mich ganz bewusst erde.

Ein Hinweis noch: Im Theta-Healing, das die erste Heilmethode war, die ich selbst erlernt habe, ist es üblich, dem Höchsten Anordnungen bzw. Befehle zu erteilen – denn genau genommen besteht zwischen »uns« kein Unterschied, und eine Anordnung impliziert, dass das, was wir wünschen (oder befehlen), uns ohne Zweifel zusteht.

Ich wünsche dir viel Freude mit deinen eigenen Meditationserfahrungen und möchte dir ans Herz legen, eine gewisse Leichtigkeit einzubringen: Der Kosmos hat durchaus Humor, und Lachen war schon immer die beste Medizin – gerade bei »ernsten « Angelegenheiten. Für das große Ganze ist ohnehin alles nicht so ernst, alles ein Spiel, alles Erfahrung – es spielt keine Rolle. Letztlich. ;-)

Namasté
Sonja

Deine eigene Praxis

Wenn du deine spirituelle Entwicklung vertiefen willst, Seminare leitest oder mit Menschen arbeitest, brauchst du Zeit mit dir selbst. Eine Zeit, die du investierst, um in deiner eigenen Kraft zu bleiben und dein inneres Licht zu entfachen.

Es geht nicht darum, dass du erleuchtet vor Menschen sitzt, sondern eher darum, dass du deine Schwingung hoch hältst. Ob du es glaubst oder nicht, du fungierst anderen Menschen bewusst und unbewusst als Vorbild. Sei also authentisch! Es gibt nichts, was dich klarer und lichtvoller macht.

◇◇◇◇◇◇◇

Rituale. Sadhana. Meditation. Routine. Licht.

◇◇◇◇◇◇◇

Jeder Tag sollte eine Zeit beinhalten, die nur dir allein und deinem Körper-Geist-Seele-System gewidmet ist. Ich nenne es gern »spirituelle Disziplin«. Das bedeutet, dass du dich einer ganz bestimmten Sache voll und ganz widmest. Und das bist du!

Mein Tag beginnt morgens mit einer ayurvedischen Ganzkörpermassage (Abhyanga), einer kleinen Runde Sonnengruß und der ayurvedischen Morgenroutine (Zunge schaben, Ölziehen usw.). Zudem habe ich eine feste Zeit, in der ich bewusst die Stille (Meditation) genieße. Das hilft mir, in meiner eigenen Schwingung zu bleiben, gut für mich zu sorgen, und es verbindet mich mit meinem Fokus. Am Abend singe ich meist ein Mantra, lese ein inspirierendes Buch und meditiere.

Und wozu das alles? Rituale sind von erhabenem Wert, Schönheit und liebender Kraft. Sie geben deinem Leben einen gehaltvollen und nährenden Inhalt. Sie sind der Reichtum deiner Seele. Und sie helfen dir, deine Intuition und Weisheit zu fördern. Das ist besonders wichtig, wenn du die Seelenreisen anwendest. Denn deine Intuition ist es, die dich durch diesen ganzen Prozess leitet.

Am besten ist es also, wenn du dir täglich ein paar Minuten Zeit nimmst und kleine Rituale durchführst, um dein Licht noch heller leuchten zu lassen.

Übung

Segen in den Tag schicken

Die heiligste Zeit ist die Zeit am frühen Morgen, direkt nach dem Aufstehen. Du befindest dich noch mehr im Inneren als im Äußeren und kannst so am besten Impulse setzen, die dein Leben verändern können. Wenn du dieses Ritual jeden Morgen durchführst, wird sich deine energetische Frequenz um ein Vielfaches erhöhen.

Stelle dich aufrecht hin, und nimm drei tiefe Atemzüge.

Lege deine Hände auf dein Herz, und spüre, wie es sanft schlägt und dich mit immer wieder neuer Energie versorgt – spüre das Wunder, das dir tagtäglich geschenkt wird. Sprich folgenden Satz: »Ich öffne mich diesem neuen Tag und bin bereit, meinem Herzen bedingungslos zu folgen.« Atme tief ein und aus.

Führe nun deine Hände zum Boden, sodass die Handflächen den Boden berühren, und spüre, wie dieser Boden dich trägt, stabilisiert und dir Halt gibt. Sprich folgenden Satz: »Ich vertraue jedem meiner Schritte und weiß, ich bin geliebt und geschützt.« Atme tief ein und aus.

Nun öffne dich nach oben und strecke deine Arme zum Himmel. Spüre hier die Verbindung zu allem, was ist (Universum, Gott, Himmel …), und sprich folgende kurze Sätze: »Ich bin geführt. Ich bin Licht. Ich bin Liebe.« Atme tief ein und aus.

Beende die Übung, indem du dich streckst, die Arme ausbreitest oder das tust, was dir persönlich guttut, und sage: »Danke!« Öffne das Fenster, lasse frische Energie herein, und begrüße den neuen Tag.

Schutz und Abgrenzung im Seminar

Indem du dich selbst immer wieder durch Rituale nährst, entsteht ein starkes und stabiles Feld, du bist gut angebunden und geerdet. Doch gerade in der Arbeit mit Menschen ist Schutz um ein Vielfaches wichtiger. Ich persönlich halte das Thema »Schutz und Abgrenzung« so einfach wie möglich. Ich visualisiere vor und während eines Seminars immer wieder, wie mich ein blauer Schutzmantel umgibt, der sozusagen alles für mich abgrenzt und meine Energien schützt. Blau ist die Farbe des (göttlichen) Schutzes, der Führung und der Kommunikation.

Übung

Body- & Lightscan

Im Laufe des Tages sammeln sich Unmengen von Gefühlen, Gedanken und Eindrücken an, die wir meist noch mit in den Schlaf nehmen und die sich so automatisch in uns festigen, dass sie zu unserer Wirklichkeit werden. Schon seit vielen Jahren habe ich ein ganz bestimmtes Ritual, das ich abends meistens im Bett durchführe, um mich energetisch vom Tag zu reinigen.

Lege dich auf den Rücken, und lasse deine Füße locker auseinanderfallen. Deine Arme liegen entspannt neben deinem Körper.

Werde dir deiner Atmung bewusst. Lasse deinen Atem, beginnend bei den Füßen, nun nach und nach durch den Körper wandern. Entlang der Beine, der Oberschenkel, des Beckens usw. Immer weiter hinauf, von Körperregion zu Körperregion. Du wirst vielleicht feststellen, dass du durch einige Regionen schwerer atmest oder sich Blockaden (subtil) zeigen. Genau dort atme dich vollständig hindurch. Ist dein Herzbereich z. B. schwer, atme, atme, atme – er wird leichter, freier, und dein Atem wird sanfter.

Erst wenn du vollständig und frei durch deinen gesamten Körper atmen kannst und du dich entspannter und leichter fühlst, beginne, dich in Licht zu duschen. Stelle dir vor, wie glitzerndes Licht auf dich regnet und sich in deinem ganzen Körper ausbreitet.

Beende diese Übung, indem du sanft in den Schlaf eintauchst.

Rituale vor und nach einem Seminar

Ich möchte dir an dieser Stelle einige Anregungen geben, wie du in deiner eigenen Kraft bleibst. Egal, ob du Seminare gibst oder diese Rituale für dich selbst anwendest. Ich persönlich finde diesen Punkt äußerst wichtig, da er maßgeblich mitbestimmt, wie eine (angeleitete) Innenweltreise verläuft und auch, wie du dich abgrenzt, schützt und vor allem selbst erfüllt wirst.

Opening

Bevor ein Seminar beginnt, ich die letzten Vorbereitungen für Deko, Musik, Unterlagen etc. getroffen habe, kümmere ich mich um mich selbst. Denn die Energie, die ich ausstrahle, beeinflusst das Seminar sehr stark mit. Meistens bin ich in einem sehr freudigen Modus, doch ab und an kommt es vor, dass ich nicht ganz in meiner eigenen Energie bin. Um mich energetisch vorzubereiten, gehe ich so vor:

Ruhe: Ich setze mich auf meinen Platz (idealerweise der Seminarleiterplatz) und beginne, mit geschlossen Augen zu atmen, bis ich spüre, wie ich ruhiger werde und ganz im Raum ankomme.

Anbindung: Ich verbinde mich mit diesem Platz, richte mich auf und beginne, meinen ausströmenden Atem tief in die Erde zu lenken und ihre Kraft mit meinem Einatmen in meinen Körper zu holen. Einige Male. Dann nehme ich das Universum hinzu: Ich schicke meinen Atem ins Universum und atme seine allumfassende Energie in meinen Körper.

Intention: Diese Verbundenheit lasse ich mithilfe meiner Intention in den Raum fließen. Ich spreche Worte (laut) aus, die diesen Raum erfüllen sollen. *Liebe. Verbundenheit. Tiefe. Gefühl.* Ich hülle den Raum in Licht oder in eine bestimmte Farbe.

Übung

Dein eigener Platz

Hin und wieder kann es vorkommen, besonders, wenn du in fremden Räumen bist, dass du deinen Platz als Seminarleiter energetisch nicht einnehmen kannst. Um also gut anzukommen, den Platz sowie den Raum einzunehmen und deine Intention zur Verfügung zu stellen, hier eine kleine Visualisierungsübung:

Spüre zunächst, wo im Raum dein Platz ist, und lasse dir Zeit. Laufe ein wenig umher, und lasse dich von deinem Platz finden. Es kann sein, dass du eine Wärme spürst, eine enorme Klarheit oder auch eine sehr erhabene Kraft. Nimm diesen Platz ein, indem du dich auf ihn stellst oder setzt.

Schließe deine Augen, und nimm wahr, wie dieser Platz für die nächsten Stunden/Tage zu dir gehört. Mithilfe deines Atems komme vollständig an, und erlaube dir, körperlich ganz schwer zu werden. Atme sanft und tief …

Spüre jetzt, wie sich dein Aurafeld kreisförmig ausdehnt und du damit auch diesen Raum ganz erfüllen kannst.

Verbinde dich mit einer Intention, die dir stimmig erscheint. Lasse diese Ausdehnung immer weiter fließen, und sprich folgende Sätze: »Ich nehme diesen Platz ein. Ich stelle … (Intention) diesem Raum zur Verfügung. Möge … (Intention) sich im ganzen Raum verteilen und ein Segen für alles sein, was ist.«

Beende die Übung durch ein kraftvolles und lautes »So sei es. Jetzt!«.

Übung:

Die energetische Frequenz im Raum erhöhen

Diese einfache und kurze Übung kannst du vor oder während eines Seminars durchführen, um die Frequenz im Raum so zu erhöhen, dass sie sich optimal im Gleichklang mit dir und deinen Teilnehmern einschwingt. Diese Übung kannst du allein oder mit deinen Teilnehmern anwenden. Folgende Version ist für Gruppen geeignet:

Fokussiert euch für einen Augenblick auf euren Atem, und nehmt wahr, wie sich dadurch mehr Ruhe ausbreitet und ein Gleichklang entsteht.

Mit dem nächsten Ausatemzug stellt euch vor, wie in der Mitte des Raumes mithilfe eures Atems eine Kugel entsteht und sich immer weiter, Atemzug um Atemzug, ausbreitet.

Die Kugel ist der leere Raum, der Weite, Offenheit und Schutz symbolisiert. Spürt, wie die Kugel alles rund macht, was noch eckig ist, wie sich die Frequenz des Raumes optimal einschwingt und auflädt. Alles, was nun in diesem Raum gelöst wird, wird anhand der göttlichen Matrix transformiert und durchlichtet.

Closing

Die Zeit nach dem Seminar ist für deine eigene Energie genauso wichtig wie die Vorbereitung, denn du hast sehr viel gegeben, hast deinen Raum zur Verfügung gestellt und viel Energie abgegeben (bewusst oder unbewusst). Du brauchst also erneut Erdung und Klärung und darfst Verbindungen lösen.

Klärung: Um auch nach dem Seminar in deiner eigenen Kraft zu bleiben, ist das Klären und Reinigen sehr wichtig. Auch wenn du erfüllt bist, voller Liebe und Energie – irgendwann kommt ein Punkt, an dem du mehr gibst, als dir zur Verfügung steht. Dann kannst du die energetischen Schnüre lösen, die sich während eines Seminars aufgebaut haben. Das kannst du auch zusammen mit den Teilnehmern durchführen. Dafür stellen sich alle im Kreis auf und visualisieren, wie die Schnüre, die zu allen, in welcher Form auch immer, reichen, gelöst werden.

Erdung: Deine Erdung ist enorm wichtig. Sie bringt dich wieder in Kontakt mit dir und deinem Körper. Besonders nach einem mehrtägigen Seminar braucht es ausgedehnte Rituale (für dich und auch für die Teilnehmer). Die besten Methoden dafür sind: Spaziergänge in der Natur, Salzbäder, Massagen, erdendes Essen und viel Zeit mit dir selbst.

Übung

Tiefe Erdung

Unmittelbar nach einem Seminar brauchen dein Körper und dein Geist Erdung, um wieder vollständig in deine eigene Schwingung zu gelangen. Das Erden in dieser Form eignet sich besonders für Gruppen. Führe diese Übung idealerweise im Stehen durch:

Atme tief ein und aus, und fokussiere dich für einige Augenblicke auf deinen Atem. Spüre, wie sich dein Geist beruhigt und dein Körper sich nun vollkommen entspannen kann.

Stelle dir vor, wie sich deine Fußchakras nun öffnen und wie sich nach und nach Wurzeln den Weg durch die Erde bahnen. Lasse dir hier Zeit zum Spüren, wie diese Wurzeln sich durch die verschiedensten Erdschichten graben. Du wirst irgendwann mit deinen Wurzeln zum Kern der Erde gelangen.

Erlaube dir, wahrzunehmen, dass innerhalb des Kerns ein großer Ring, eine Kugel oder etwas Kreisförmiges vorhanden ist, an dem sich deine Wurzeln tief verankern und verhaken können.

Atme nun tief ein und aus – spüre die Verankerung, deine unendlich langen Wurzeln und dich selbst, wie du hier stehst. Wie fühlst du dich? Stabil? Verankert? Geerdet?

Beende die Übung, nachdem du genügend Kraft in dir spürst.

Göttliche Teamarbeit

Es gibt bestimmte Energien, Götter und Engel, die ich vor einer Meditation oder einem Seminar einlade. Ich habe festgestellt, dass diese Einladung, die wir dem Himmel aussprechen, eine enorm positive und geführte Energie aufkommen lässt. Oft rufe ich bestimmte Kräfte während eines Seminars/einer Meditation zur Hilfe. Wenn du Gruppen leitest, ist es besonders schön, wenn du deine Teilnehmer bittest, auch ihre eigenen Engel, Meister oder Gottheiten in den Raum einzuladen.

◇◇◇◇◇◇◇

Der Himmel auf Erden und die Erde im Himmel.

◇◇◇◇◇◇◇

Ganesha, der Beseitiger aller Hindernisse: Er gilt als eine der beliebtesten Gottheiten. Er hilft dir, Erfolg auf allen Ebenen zu haben und Weisheit zu erlangen. Er liebt Süßigkeiten! Lege ihm immer wieder etwas Süßes hin, um dich für seine Dienste zu bedanken. Seine Lieblingsspeise ist Besan Ladoo, indische Kichererbsen-Bällchen. Chakra: Wurzelchakra | Mantra: Om Gam Ganapataye Namaha.

Kali, die blutrünstige Göttin der Zerstörung: Sie bringt dir Freiheit und Schutz, vertreibt deine Ängste vor einem Neubeginn. Steckst du fest, so bitte Kali um Rat. Was soll zerstört werden in deinem Leben? Sage es ihr direkt, doch entscheide dich bewusst, sie nimmt dich beim Wort! Chakra: Sakralchakra | Mantra: Om Shri Mahakalikayai Namaha.

Durga, die wilde Allmutter: Sie verkörpert Kraft, Wissen und Handeln, unterstützt dabei, nach Wahrheit und Vollkommenheit zu streben und das Ego hinter sich zu lassen. Durga mahnt: Gehe durch die Illusionen von Trennung hindurch. Chakra: Solarplexus | Mantra: Om Shri Durgayai Namaha *oder* He Ma Durga.

Hanuman, der Affengott: Dieser hingebungsvolle, starke und energetische Gott symbolisiert den menschlichen Geist, der durch tiefe Hingabe (Bhakti) zu einer höheren Bewusstseinsebene gelangen kann. Singe Hanuman zu Ehren Mantras (für ihn wurde sogar das berühmte Lied »Hanuman Chalisa« mit 40 Strophen geschrieben), verneige dich vor ihm, und zeige ihm deine Hingabe. Chakra: Herzchakra (Grün) | Mantra: Om Shri Hanumate Namaha *oder* Hanuman Chalisa.

Lakshmi, die Göttin der inneren und äußeren Schönheit: Sie bringt Reichtum und Wohlstand. Sie hilft, unsere Visionen zu verwirklichen. Lege ihr zu Füßen immer wieder Münzen oder Dinge, die für dich einen besonderen Wert haben. Sie liebt es, das zu vermehren, was du hast. Sie liebt alle schönen Dinge, alle Düfte, alles, was zart ist und schimmert. Lege ihr immer wieder Blüten auf den Altar. Chakra: Herzchakra (Rosa) | Mantra: Om Shri Maha Lakshmyai Namaha.

Saraswati, die Göttin des Wissens, der Weisheit und des Lernens: Sie ist kreativ, verspielt und hilft dir, Dinge zu begreifen und zu erfühlen. Sie hat Freude dabei, dich in deinen Lernprozessen zu unterstützen. Summe für sie, singe oder pfeife ihr zu Ehren – sie ist auch die Göttin der Musik. Chakra: Halschakra | Mantra: Om Aim Saraswatyai Namaha.

Shiva, der Mahayogi, der oberste aller Yogis: Er ist der Zerstörer der Nichterkenntnis. Er verhilft dir dazu, sowohl in tiefste Meditation zu kommen als auch in höchste Extase. Oft wird er als Nataraja, der tanzende Shiva, dargestellt. Chakra: Drittes Auge | Mantra: Om Namah Shivaya.

Brahma, der Schöpfer: Er ist der Schutzherr der Mantra-Rezitation, der Veda-Rezitation und der Meditation. Bitte ihn um tiefe Weisheit, erkenne deine Wahrheit. Chakra: Kronenchakra | Mantra: Om Sat Chit Ekam Brahma

Jesus, der Christus: Er ist derjenige, der dir die Essenz der Liebe zeigen wird. Eine Liebe, die dich durchlichtet, nährt und dein Herz weit öffnen wird. Mantra: I will follow him.

Mutter Maria, die göttliche Mutter und liebevolle Weise: Sie schenkt dir Trost, unendliche Fürsorge und Mitgefühl und lässt deine Seele mit Güte verschmelzen. Mantra: Ave Maria.

Die Grüne Tara, die mitfühlende Beschützerin: Sie wacht über dein Leben. Pflanze mit ihr Samenkörner deiner Wünsche. Sie liebt es! Mantra: Om Tare Tuttare Ture Soha.

Die Weiße Tara, die Göttin der Reinheit: Sie ist die Enthüllerin der Schönheit des Jenseits. Sie schützt dich vor Krankheiten, gibt dir Klarheit und Reinheit. Mantra: Om Tare Tuttare Ture Soha.

Erzengel Michael: Er ist der große schützende Erzengel, der all deine Anhaftungen, Ängste und Verstrickungen löst. Bitte ihn darum. Er wird sein Lichtschwert einsetzen und dir deinen Weg offenbaren.

Erzengel Gabriel, der Engel der Verkündigung: Er hilft, deine höchste Vision zu entdecken und zu leben. Er begleitet in der Schwangerschaft und lässt dich Entscheidungen leichter treffen. Er wird oft mit einer weißen Lilie dargestellt, lege sie zu ihm auf den Altar.

Buddha, der Erwachte, Friedvolle: Durch Buddha entstand die Weltreligion des Buddhismus. Bitte ihn um seine Güte, er wird dich von zerstörerischen Emotionen befreien und dir geistigen Frieden geben. Einem japanischen Buddha kannst du täglich über seinen Bauch streichen – es bringt Glück! Mantra: Om mani padme hum. (Tibetisch)

Gaia, unsere Erde: Sie ist die große irdische Mutter, die lebt, bebt und fühlt. Sie wird dich die Naturgesetze lehren, dich erinnern an die uralten Tage und dir ihre schöpferische Kraft spenden. Arbeite mit ihr zusammen. Zeige ihr deinen Dank für dein Hiersein in Form von Blumen, visualisiere eine geheilte Erde, schenke ihr Aufmerksamkeit, und behandle sie wie ein Lebewesen. Behandle ihre Kinder, Tiere und die ganze Natur, voller Achtung und Respekt. Stelle ein Bild unserer Erde auf deinen Altar. Lege immer wieder etwas aus der Natur vor das Bild. Mantra: Mother, I feel you under my feet. (Indianisch)

Gebete – der Highway zur Liebe

Gebete sind ein wunderbares und uraltes Werkzeug. Beten ist die wohl schönste Kommunikation mit der eigenen Seele, dem Himmel und der Erde. Denn Gebete erreichen alles. Sie durchbrechen jegliche Barrieren und lassen Samen aus Licht zurück.

Gebete gibt es wohl fast so viele, wie es Menschen gibt. Denn jeder spricht sein eigenes Gebet. Jeder hat eigene Wünsche, Bitten oder auch Dinge, für die er einer bestimmten Kraft dankt. In allen Kulturen der Welt, ob im Schamanismus, dem Christentum oder bei den Hinduisten in Indien, halfen die Gebete den Menschen, zu sich selbst zu finden. Sie schöpften Kraft, Mut und Liebe.

Finde ein Gebet

DEIN GEBET

- Formuliere es in und mit Dankbarkeit. Bedanke dich.
  Handle in Dankbarkeit.
- Richte es auf Liebe aus. Richte den Fokus auf das, was positiv, erhellend und klar ist.
- Sei in deiner Formulierung in der Gegenwart.
- Überlasse dem Himmel die volle Regie. Gib nur dein Gebet ab, erwarte Wunder.

Schreibe dein Gebet auf. Formuliere es in deinen Worten, und bringe so viel Klarheit, Dankbarkeit und Hingabe hinein, wie es dir möglich ist. Trage es mit dir, stelle es auf deinen Altar, oder sprich es mit anderen Menschen. Erwarte Wunder.

GEBET FÜR WOHLSTAND

»Ich danke euch, liebe Engel, lieber Gott und liebe Göttin, für all die Freude und Inspiration auf meinem Weg. Ich danke euch, dass ihr mir behilflich seid, ein Leben in Fülle und Überfluss zu führen. Dass ich durch euch meinen eigenen und den Wert meiner Mitmenschen erkennen darf. Danke.«

GEBET FÜR MEHR VERTRAUEN

»Liebe Engel des Lebens, liebe Götter und Göttinnen, ich danke euch, dass ihr mir meinen Weg weist und meine Seele führt. Mehr und mehr erkenne ich mit eurer Hilfe meine Aufgabe. Ich erkenne darin meinen Mut, meine Stärke und meine Liebe. Ich lasse mein inneres Licht leuchten und weiß, ich bin geführt und umgeben von göttlicher Präsenz. Ich danke euch zutiefst, dass ihr mir Vertrauen und Richtung schenkt. Danke.«

GEBET FÜR DIE ARBEIT MIT MENSCHEN

»Liebe Engel, ich bin sehr dankbar, dass ich diese Arbeit tun darf und Menschen dabei unterstützen darf, ihr eigenes Licht zu erkennen. Ich danke für die Klarheit, die Führung und den Segen, den ich und meine Klienten erhalten.«

GEBET VOR EINEM SEMINAR

»Ich bin dankbar dafür, dass dieser Raum als heilsames Feld der Liebe, des Vertrauens und des Lichts dient. Ich diene als Vermittler von Himmel und Erde, von Geist und Seele, von Innen und Außen. Ich danke für den Segen, den wir empfangen, und für das Feld, das wir kreieren. Danke.«

AFFIRMATIVES GEBET FÜR KLARHEIT UND FOKUS

»Ich erlaube mir in diesem Augenblick vollkommene Klarheit, sowohl im Geist als auch im Außen. Ich sehe klar. Ich spüre klar. Ich danke meiner inneren Weisheit für die Führung und fokussierte Kraft.«

Heilsame Impulse durch Öle und Düfte

Seit vielen Jahren arbeite ich mit ätherischen Ölen. Sie sind ein ganz eigenes Feld, in das wir einsteigen können, um neue innere Welten zu entdecken, Meditationen zu intensivieren und uns mit diesen Ölen auch zu reinigen, zu schützen sowie zu energetisieren.

Ich nutze am häufigsten diese drei Möglichkeiten:

› Ich bereite einen Raum energetisch vor und öffne diesen für bestimmte Themen, die während eines Seminars oder einer Sitzung näher beleuchtet werden sollen. Zum Beispiel wähle ich vor einer Meditation gern Weihrauch, da dieses Öl sehr beruhigend auf den Geist wirkt und ein Öffner für tiefergehende Meditationen ist.

› Am Beginn oder Ende eines Seminars gebe ich gern, sofern alle Teilnehmer damit einverstanden sind, jeweils ein bis zwei Tropfen eines intuitiv ausgewählten Öls in ihre Handflächen. Ich lasse sie gern für einige Augenblicke daran riechen, bitte sie dann, ihre Hände auf ihr Herz zu legen und in sich hineinzuspüren. Oft nehmen die Teilnehmer sofort wahr, wie sich etwas in ihnen entspannt (z. B. bei Lavendel), sie gelassener, ruhiger oder auch wacher (z. B. bei Zitrone) werden.

› Nach Ende des Seminars, wenn alle Teilnehmer den Raum verlassen haben, kläre ich gern (energetisch) den Raum. Dazu verwende ich am liebsten Thymian, Eukalyptus oder Pfefferminz. Ich fülle dazu ein paar Tropfen in eine Sprühflasche mit Alkohol und destilliertem Wasser, was sich auch wunderbar vorbereiten lässt.

Diese Öle unterstützen dich, deine Seminare und deine energetische Arbeit

Weihrauch: Dieses Öl nutze ich am häufigsten, um den Raum, die Teilnehmer und auch mich selbst auf eine Innenweltreise vorzubereiten. Es wirkt sehr beruhigend, öffnet die innere Wahrnehmung und entspannt die Muskulatur. Am besten in die Handflächen geben, verreiben und daran riechen.

Lavendel: Dieses Öl hilft dabei, (ungelebte) Emotionen zum Ausdruck zu bringen und zu klären. Es ist eines der besten Öle, um zu entspannen, sich der inneren Welt zu öffnen und Blockaden in der Kommunikation zu lösen.

Zitrone: Die Stimmung wird gelockert und geklärt. Zudem reinigt es den Raum nach einer intensiven Innenweltreise. Ich nutze es gern nach einem Seminar.

Pfefferminze: Eines der besten Öl, um die Atmung zu vertiefen und die Sinne zu öffnen. Es eignet sich in so ziemlich jeder Situation, in der es darum geht, mehr Durchblick und Klarheit zu erlangen.

Rose: Das wohl teuerste Öl, doch zugleich das beste, um in ein Bad von Liebe, Sinnlichkeit und Harmonie zu tauchen. Es eignet sich immer dann, wenn es um die innere Balance und den Selbstwert geht.

Sandelholz: Es gibt meiner Meinung nach kaum ein Öl, das so eine heilige Stimmung aufbaut wie Sandelholz. Es ist sehr kostbar. Zudem wirkt es sehr erdend und stabilisierend.

Ylang Ylang: Der Duft von Ylang Ylang fördert das Loslassen, beruhigt und erzeugt eine tragende und vertraute Atmosphäre. Besonders bei neuen Klienten oder Gruppen, die den Raum betreten, bewirkt dieses Öl eine zutiefst vertraute Energie.

Oregano: Es unterstützt die innere Sicherheit und Geborgenheit. Besonders hilfreich ist es, wenn Veränderungen anstehen (Beziehungen, Beruf, Lebensstil), da es festgefahrene Meinungen und Starrheit löst.

Atme vollständig aus. Atme aus, was du bist, was du glaubst zu sein. Atme aus, was du warst, denn es ist vergangen. Atme aus, was du glaubst zu werden. Nimm den Raum wahr. Die Leere. Das Nichts.

Lasse dir Zeit. Atme tief ein.
Atme ein, und erkenne dich.
Atme deine Wahrheit in diesem Augenblick ein.
Gehe tiefer. Atme. Ein und aus.
Lasse mich dir etwas zuflüstern: Ich erkenne dich.
Ich kenne dich gut. Wir sind ein und dasselbe.
Erkennst du es auch?

Atme ein. Atme AUS.

MEDITATIONS-INDEX

Hier findest du einige Gefühle, Fähigkeiten oder Qualitäten, die du durch eine bestimmte Meditation entwickeln bzw. loslassen kannst.

DANKE

Von Herzen möchte ich Danke sagen. Danke an dich, meine Familie (insbesondere meine Eltern), meine Großmutter, die mir ein besonderes Licht in dieser Welt ist, meine Spirits und all die Kräfte, die mich beflügeln.

Danke an meine Klienten, die mich immer wieder ermutigt haben, dieses Buch zu schreiben. Ihr ermöglicht es mir, meinen Traum, meine Passion und meine Sehnsucht vollkommen auszufüllen. André war und ist es, der mir so vieles ermöglicht. Ich will dir danken! Gabi war es, die dieses Buch in seiner ursprünglichen Form lektoriert hat. Sie hat jedes Feeling, das ich mit einer Reise ausdrücken möchte, absolut erfasst, mir Tipps und Inspiration gegeben. Danke für dein Licht. Nives ist eine sinnliche und weise Seele. Sie half mir ebenso bei der Entstehung dieses Buches.

Danke an die Gastautorinnen dieses Buches!

Sonja Szielinski ist eine bezaubernde Göttin, die mich mit ihrer Ausstrahlung und ihrem Sein immer wieder fasziniert und inspiriert. Danke, dass du deine Erfahrung und Meditation in diesem Buch teilst.

Von Herzen danke ich dir, liebe Daniela Hutter, für deine Weisheit, deine Lebendigkeit und Klarheit. Vor dir lerne ich (virtuell), was es heißt, wahre Verbundenheit zu spüren. Danke, dass du ein Teil dieses Buches bist. www.danielahutter.com

Anne-Mareike Schultz ist eine so herzerwärmende, lebensfrohe und großzügige Frau. Sie hat mir gezeigt, wie leicht das Schreiben gehen kann. Und vielen Dank, dass du dich für die Meerjungfrauen entschieden hast. www.naturheilpraxis-schultz.de | www.annemareike.me

Viele leuchtende Funken hat Maria Christina Gabriel in mir schon zum Sprühen gebracht. Deine Energie haut mich immer wieder um. Danke, dass du so

viele positive Schwingungen in die Welt sendest und mit deiner Meditation dieses Buch bereicherst.
www.mariachristinagabriel.com

Jeanne Ruland, die mir seit meiner Kindheit mit ihren Büchern eine treue Begleiterin ist. Die mich immer wieder durch ihr Sehen, Fühlen und Sein beeindruckt. Danke für das Geschenk, das du dieser Welt machst.
www.shantila.de

Jennie Appel, die mir viel Mut zusprach, wunderbare Ideen beisteuerte und einfach eine so angenehme Stimmung in mir verbreitet. Danke dir von Herzen, auch für deinen wertvollen Beitrag!
www.jennie-appel.de

Susanne Hühn, die mich durch ihre großartigen Bücher und besonders ihre Arbeit mit dem Inneren Kind inspirierte. Du bist eine wahre Inspiration und ein Vorbild in Sachen Authentizität!
www.susannehühn.de

Ein besonderer Dank geht an Sylvia Bieber, die mir die Welt der inneren Bilder und Möglichkeiten zeigte. Sie war eine meiner Lehrerinnen, und es ist ein Geschenk, von ihr so vieles lernen zu dürfen.
www.sylvia-bieber-coaching.de

Mein Dank geht auch an meine Lektorin Kerstin Noack, die immer viel Geduld mitbrachte. Und auch Heidi und Markus Schirner, meinen Verlegern, möchte ich danken, dass sie an dieses Werk glauben. Von Herzen danke!

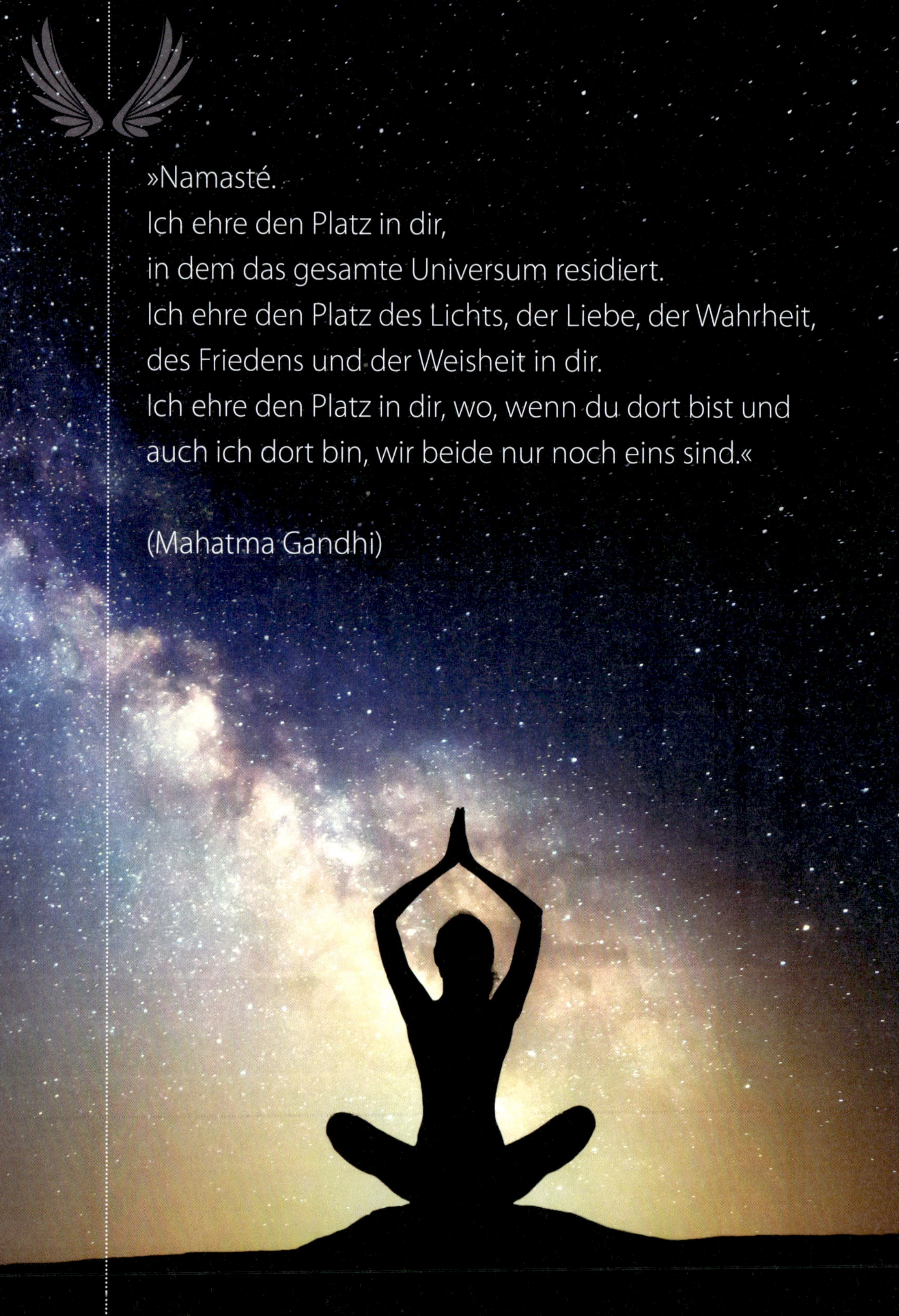

»Namasté.
Ich ehre den Platz in dir,
in dem das gesamte Universum residiert.
Ich ehre den Platz des Lichts, der Liebe, der Wahrheit,
des Friedens und der Weisheit in dir.
Ich ehre den Platz in dir, wo, wenn du dort bist und
auch ich dort bin, wir beide nur noch eins sind.«

(Mahatma Gandhi)

LITERATUR- UND PRODUKTEMPFEHLUNGEN

Hier zeige ich dir meine liebsten Tools, die ich vor, während und nach einem Seminar oder auch ganz einfach für mich persönlich anwende. Zudem bekommst du Literaturempfehlungen, die dich zusätzlich unterstützen können.

BÜCHER:

- Mehr über essenzielle Öle und Düfte: »Bibelöle« von Karin Opitz-Kreher & Johannes Huber (Schirner Verlag, 2015)
- Eines der besten Bücher, um Symbole aus der Innenwelt zu deuten: »Handbuch der Traumsymbole« von Klausbernd Vollmar (Heyne Verlag, 2007)
- Eines der besten Bücher zum Thema »Chakras«: »Chakra Praxisbuch« von Kalashatra Govinda (Goldmann Verlag, 2006)
- Mein eigenes Buch über die Kraft des Mondes: »Mondpriesterschaft« von Dennis Möck-Ludwig & Anne-Mareike Schultz (Schirner Verlag, 2017)
- Für die kleinen Yogis: »Du bist nie allein! Für kleine Yogis und Yoginis« von Jennie Appel & Dirk Grosser (Schirner Verlag, 2016)

BÜCHER DER GASTAUTORINNEN:

- »Du bist nie allein! Meditationen und Fantasiereisen, die Kinderseelen stark machen« von Jennie Appel & Dirk Grosser (Schirner Verlag, 2013)
- Mehr über die Kraft von Meerjungfrauen: »Meerjungfrauen« von Anne-Mareike Schultz & Wibke-Martina Schultz (Schirner Verlag, 2014)
- Eine Schatztruhe an Tools und Liebe: »Mach dein Leben hell« von Daniela Hutter (Goldmann Verlag, 2015)
- Ein Must-Read für Göttinnen: »The Goddess Attitude« von Sonja Szielinski (Schirner Verlag, 2014)
- Pure Selbstliebe, Übungen und Tools: »Anleitung zur Selbstliebe« von Maria Christina Gabriel (Nordholt Verlag, 2015)
- Mehr innere Reisen: »Reisen ins Land der Seele« von Sylvia Bieber (Schirner Verlag, 2010)
- Für eine kraftvolle Arbeit mit dem Inneren Kind: »Die Heilung des Inneren Kindes« von Susanne Hühn (Schirner Verlag, 2017)

ORAKELKARTEN:

- Dieses Set nutze ich häufig während der Meditationsabende: »Das Naturgeister-Orakel«, von Angela Hartfield & Josephine Wall (Aquamarin, 2015)

- Ein Tarot, das sich wunderbar für Einzelcoachings und auch Gruppen eignet: »Schutzengel-Tarot« von Doreen Virtue (Allegria, 2014)
- Am besten geeignet für Retreats und Wochenendeseminare: »Die Gegenwart der Meister« von Jeanne Ruland & Murat Karaçay (Schirner Verlag, 2015)
- Ein Set, das ich meistens als Türöffner für Workshops nutze: »Die Kunst der Aufmerksamkeit« von Elena Brower & Erica Jago (Theseus Verlag, 2013)
- Mein eigenes Set, geeignet für (Voll- und Neumond-)Seminare und Coachings: »Mondpriesterschaft« von Dennis Möck-Ludwig & Anne-Mareike Schultz (Schirner Verlag, 2018)

MEDITATIONS-CDS:

- Tiefe Erdung: »Die Kraft der Erde für Hochsensible« von Jennie Appel (Schirner Verlag, 2015)
- Ein Klassiker: »Meditation für Anfänger« von Jack Kornfield (Arkana, 2017)
- Verändernd: »Befreie und heile das Kind in dir« von Robert Betz (Robert Betz Verlag, 2005)
- Sehr tiefgehend: »Schattenarbeit« von Ruediger Dahlke (Arkana, 2005)
- Traumhafte Musik für Seminare: »Stardust« von Bahar Yilmaz & Jeffrey Kastenmüller (musicstardust.com)

ÖLE:

- Young Living: Essenzielle Öle

WEITERE PRODUKTE:

- Essenzielle Botschaften auf Kerzen, Glasuntersetzern und mehr: www.sign.ag
- Tee, Ayurveda & Yoga: www.satnam.de
- Für die schönste Deko: www.fischerslagerhaus.de
- Edelsteine, besondere Karten und Deko: www.soulzen.de

Bildnachweis

Bilder von der Bilddatenbank www.shutterstock.com:
Vor- und Nachsatz: #575780866 (© RRice), #1203717547 (© Nadezhda Shuparskaia)
Schmuckelemente: Hintergrund auf allen Seiten: #575780866 (© RRice), Hintergrund (gold) in den Ornamenten: #341320430 (© dwph), Symbol (Meditation/Frau): #776569375 (woodpencil) / #750659479 (© sripfoto), Symbol (Meditation/Mann): #321840374 (© Miceking) / #697879711 (© NASA images), Symbol (Flügel): #557126443 (© NASA images) / #289322048 (© Shpak Anton), Geometrische Symbole: #1203717547 (© Nadezhda Shuparskaia) / #679025626 (© Vikpit)
Weitere Bilder: S. 1 #557126443 (© NASA images), S. 3 #1137317777 (© Romolo Tavani), S. 4 #1059590489 (© IgorZh), S. 11 #509115685 (© Delpixel), S. 17/94 #556316854 (© Sergey Nivens), S. 18 #690698593 (© Sergey Nivens), S. 24 #1033858459 (© fizkes), S. 29 #1063994864 (© PopTika), S. 31 #294011264 (© Amanda Carden), S. 40 #688042723 (© Sergey Nivens), S. 51/158–159 #426114034 (© nednapa), S. 88 #1080244796 (© Sergey Nivens), S. 147 #445022353 (© Evdokimov Maxim), S. 148 #410969182 (© pim pic), S. 150 #1111029911 (© Wrona Konrad), S. 154 #525724135 (© Denis Belitsky)

ÜBER DEN AUTOR

Dennis Möck-Ludwig kam schon in sehr jungen Jahren mit verschiedenen spirituellen Wegen in Kontakt. Seine natürliche Beziehung zu seiner inneren Welt wies ihm immer die Richtung, gab ihm das Wissen und die Unterstützung, die er brauchte. Dadurch war es ihm möglich, einen unkonventionellen Weg zu gehen und seit seiner Jugend verschiedene alternative Ausbildungen zu absolvieren. Als gelernter Mentalcoach arbeitet er überwiegend im Onlinebereich. Er betreibt einen eigenen Blog, auf dem er regelmäßig Artikel veröffentlicht. Zudem bietet er Einzelsitzungen, Onlinekurse sowie Ausbildungen an und veranstaltet Retreats und Workshops zu den Themen »Innenweltreisen«, »Bewusstseinswandel«, »Ayurveda« und »moderne Rituale«.
www.devis-ashram.de

Das Teacher-Training zum Innenwelt-Coach

Immer mehr Menschen entdecken für sich den Weg der Meditation. Und dieser Weg ist so vielfältig wie das Leben selbst. Meditation ist weitaus mehr, als nur still dazusitzen, sie kann dynamisch, herausfordernd oder auch vollkommen erhebend sein. Sie löst tief sitzende Glaubensmuster, macht uns bewusst, wie unsere eigene Seelenwelt aussieht, und hilft uns dabei, unser Leben von innen nach außen als eigene Lebensschöpfer zu erleben.

Wenn Sie also das Wissen aus diesem Buch noch vertiefen möchten, mit Menschen arbeiten und Gruppen leiten wollen, haben Sie die Möglichkeit, sich zum Innenwelt-Coach ausbilden zu lassen. Dazu finden Sie alle Informationen auf www.devis-ashram.de

Schirmer Verlag

Mondkalender, Jahreskreisfeste und Traumarbeit bei Vollmond – sie alle zeugen von einem tiefen Glauben an die Kraft des Mondes. Ob wir nun Samen einer glücklichen Zukunft säen, Herzenswünsche manifestieren, spirituell wachsen oder alte Bande endlich lösen wollen – mit diesem magischen Buch, Kartenset und der CD gelingt das ganz leicht.

OB MANN ODER FRAU: Reihen Sie sich ein in die Tradition der Mondpriesterinnen. Auf diese Weise werden Sie ein lebendiger Teil der Zyklen des Lebens und stärken Ihre Verbindung zur Natur und zur eigenen Seele.

Dennis Möck-Ludwig, Anne-Mareike Schultz
Kartenset: Mondpriesterschaft
Erwecke die Kraft deiner Seele
mit den Mondenergien
50 Karten mit Begleitbuch
ISBN 978-3-8434-9107-5

Danke für deine REZENSION

– Gemeinsam sind wir mehr –

Liebe Leserin, lieber Leser,
von Herzen danken wir dir, dass du dieses Buch in den Händen hältst und es bis zum Ende gelesen hast. Das bedeutet uns, dem Schirner Verlag und seinen Autoren, sehr viel. Aus voller Überzeugung und mit Hingabe widmen wir uns seit vielen Jahren Themen, die unser aller Lebensqualität und Bewusstwerdung dienlich sind, und hoffen, einen Beitrag für eine lichtvollere Welt leisten zu können. Wenn dir unsere Arbeit gefällt, möchten wir dich bitten, dir einige Minuten Zeit zu nehmen, um dieses Buch zu rezensieren. Warum? Die meisten Menschen lesen Rezensionen, bevor sie ein Buch kaufen, da sie hierdurch einen Eindruck bekommen, ob und wie der Inhalt des Buches den Leser erreicht hat. Eine kurze Rezension ist dabei ebenso hilfreich wie eine lange, sehr ausführliche. Um es auf den Punkt zu bringen:

Eine Rezension ist heutzutage die beste Werbung für ein Autorenwerk!

Wenn du den Schirner Verlag und seine Autoren neben dem Buchkauf auch anderweitig unterstützen willst, dann bitten wir dich: Schreibe für jedes Werk eine Rezension – am besten auf der Seite, wo du es gekauft hast, und zusätzlich beim Schirner Verlag und bei Amazon. Das wäre nicht nur eine Wertschätzung für die Autoren, sondern kann dazu beitragen, dass die Verkaufszahlen steigen und der Schirner Verlag auch in herausfordernden Zeiten Bestand hat.

WIE SCHREIBT MAN EINE REZENSION?

Grundsätzlich sollte eine Rezension aus der eigenen, subjektiven Sicht geschrieben werden, da es sich um eine persönliche Meinung handelt. Du kannst in zwei Sätzen deine Gefühle zu dem Buch äußern oder eine längere Rezension verfassen. Falls du nicht weißt, wie du beginnen sollst, hier ein paar Anregungen:

- War das Buch leicht verständlich geschrieben? Wie hat dir die Sprache gefallen? Wie war die Aufteilung zu den verschiedenen Themen?
- War es unterhaltsam? War es deiner Meinung nach mit Herzblut und Liebe geschrieben? Wie hat es auf dich gewirkt?
- Hat es dein Herz berührt? Konntest du dich wiederfinden?
- War es tief greifend genug? Hast du viel Neues gelernt?
- Hat es gehalten, was der Titel und die Buchbeschreibung versprochen haben? Hat es deine Erwartungen erfüllt?
- Was macht das Buch besonders? Warum sticht es heraus im Vergleich zu anderen Büchern, die ein ähnliches Thema behandeln?
- Würdest du das Buch weiterempfehlen oder verschenken?

Dankeschön